小学教师专业发展的

思与行

王秋歌◎著

吉林人民出版社

图书在版编目(CIP)数据

小学教师专业发展的思与行 / 王秋歌著 . -- 长春：
吉林人民出版社 , 2023.3
　ISBN 978-7-206-19790-1

　Ⅰ . ①小… Ⅱ . ①王… Ⅲ . ①小学教师 – 师资培养 –
研究 Ⅳ . ① G625.1

中国国家版本馆 CIP 数据核字 (2023) 第 050552 号

小学教师专业发展的思与行

XIAOXUE JIAOSHI ZHUANYE FAZHAN DE SI YU XING

著　　者：王秋歌
责任编辑：张　草　　　　　　　　封面设计：李　君
吉林人民出版社出版 发行（长春市人民大街 7548 号）　邮政编码：130022
印　　刷：三河市华晨印务有限公司
开　　本：710mm × 1000mm　　　　1/16
印　　张：14　　　　　　　　　　字　　数：200 千字
标准书号：ISBN 978-7-206-19790-1
版　　次：2023 年 3 月第 1 版　　　印　　次：2023 年 3 月第 1 次印刷
定　　价：68.00 元

如发现印装质量问题，影响阅读，请与出版社联系调换。

前　言

　　"教育大计，教师为本"，想要有效提高学校教育质量，关键在教师；想要促进教育内涵发展，关键在教师。中国特色社会主义进入新时代，各级各类教育事业的发展为教师教育改革发展提供了发展的新平台，教育需求已从"有学上"转向"上好学"，从"缺教师"转向"缺好教师"的新需求上来。为了加快教育现代化，实现中华民族伟大复兴，办好人民满意的教育，迫切需要一支坚实有力、高素质、专业化的教师队伍。大力提高教师素质，促进教师专业内涵发展成为现阶段教师教育发展的重要任务之一。教师发展需要从数量至上走向质量优先，提高专业素质和修养，以适应新时代的发展和变化。

　　开发更多的优质教育资源，特别是提升中小学教师的专业素养，提高教育教学质量，让每一个学生平等享受到高质量的教师教育，是时代赋予基础教育研究工作者与教育实践者的一项重要历史使命。小学教师肩负着人类早期教育的重任，小学教育应与中学教育、高等教育一起被视为专业性较强的工作，不能被随意取代。小学教师专业发展水平的不断提升一方面有效提高了小学教师的职业地位，有利于增强小学教师的自信心；另一方面提高小学教师的社会地位，促进小学教师的整体职业发展，有利于建设高质量的学校教师团队。

　　本书以小学教师专业发展为主要研究内容，一共分为八章。第一章是对小学教师专业发展相关概念的界定；第二章对小学教师专业发展理论进行了基础性阐述；第三章论述了小学教师专业发展需求；第四章对小学教师专业发展路径进行了阐述；第五章以小学教师专业发展实证探索为切入点，深入分析解读了小学教师专业发展理论的应用；第六章主要论述小学研究型教师培养对策；第七章针对小学创新型教师发展之路深入研究；第八章探究小学专家型教师发展策略。

因时间和精力有限，书中难免有不足之处，恳请广大读者予以指点和斧正。

目 录

第一章　小学教师专业发展

第一节　小学教师角色定位

小学教师作为除了孩子父母以外，影响孩子发展的重要人物，是小学生成长环境中最重要的组成部分，也是促进小学生发展的最有活力的因素。因此，对教师在儿童发展中的重要作用的科学和深刻理解，是确定小学教师专业作用的核心问题，因此明确小学教师的角色定位必不可少。

一、儿童价值观念树立的引导者

小学阶段的学生大多数处于 6～12 岁，这个阶段是儿童价值观、人生观和世界观初步形成的关键时期。小学教师在学生价值观、人生观的形成和发展中发挥着重要作用。在这个时期，小学教师首先是成为学生价值观建立的引导者。传统的教学理念虽然也强调教师的领导作用，但更建议教师用教学和灌输的方式来实施德育。可以明确的是，在这个传统教学过程中，教师其实不是教师的领导者，也不是学生未来发展路线的引路人，而是作为一名传教士和说服者出现在学生的世界。

其实，真正能引导学生发展自我，产生积极的价值观和人生观的，不是教师的教学甚至是说教活动，而是在教师主导的师生之间的平等对话、沟通的过程中，教师将自己创设为学生学习的模板，尝试走进学生的内心世界，用心发掘每个学生的美好与善良，引导学生成长为独立自主的人。

首先，在这个过程中，教师的一举一动，一言一行，对小学生来说都是一种最直接的感性认识，也是学生学习和模仿的直接来源。因此，教师必须以身作则，以德育人，行为引领，做一个"真实的人"，用自己的人格力量去激励学生，引导学生，做学生的榜样。

有这样一位小学老师：她真心热爱教育，全心爱学生，关心学生成长，全心引导学生成才。她班上有一个很特别的女孩，脸上长了大面积的血管瘤，让她看起来与其他同学不太一样。从这位老师进入这所学校那天起，她就理解和同情这个女孩，作为一名母亲，她用母亲般的慈爱，给予了这个女孩更多的关注和帮助。每天早上，这名老师看到女孩来到班内上课，都会主动接她，拿她的书包，下课后耐心地给女孩补课。面对班里有的同学避开这个女孩，歧视、讥笑这个女孩的时候，她带头和那个女孩交上了朋友。她经常当着全班同学的面拥抱这个女孩，并尽最大努力教导全班同学关心和爱护这个女孩。

正如车尔尼雪夫斯基所说："教师要把学生造就成什么样的人，自己就应当是这种人。"[1]

其次，小学教师必须是儿童健康成长的保护者。正如《麦田里的守望者》中描述的那样：有那么一群小孩子在一大块麦田里做游戏。几千几万个小孩子，附近没有一个大人，那么小学老师就成为一名麦田的守护者，保护着所有的小孩子。每当有小孩子错误地冲向悬崖边上时，老师作为一名守护者，需要保护孩子们，把跑出来的孩子带回去，确保他们的安全。

小学教师的工作可能更像是在那里监督，让孩子们尽情玩耍、欢笑和学习，而不是强迫孩子做他们不想做的事情，即老师必须在最合适的

---

[1] 任志瑜. 我的教育主张 [M]. 北京：北京理工大学出版社，2018：93.

时间引导孩子走上正确的道路。如果小学教师能做到这一点，那么教师就真正成了儿童价值观念树立的引导者。

二、儿童建立同伴关系的指导者

在小学阶段，孩子交流的主要目标转向同伴群体。同伴之间的互动不仅有助于孩子迅速学会分享、关心、同情和包容他人，学会人际沟通技巧，学会谈判和遵守规则，而且直接影响孩子自己的生活和学习质量。积极和谐的同伴互动，不仅可以增加孩子对环境的归属感，而且通过相互鼓励和帮助，增加他们的学习动力，促进双方的相互学习，让孩子感到快乐，感受到人与人之间的美好情感体验，并且培养人际交往的自信。需要注意的是，如果朋友未做出正确的引导与影响，他会在很多方面对孩子的现在和未来产生不良甚至严重的负面影响。

因此，教师如何正确引导和帮助孩子，是其角色意义中非常关键的一环。一方面，教师要正确引导，并且注意调动同伴的力量影响孩子的健康成长；另一方面，教师要努力做孩子的朋友，以平等的态度接近孩子，这样才能与孩子进行有效的沟通，促使教师对孩子的沟通和引导可以被孩子接受和信服。

三、儿童主动学习的激励者

信息技术时代真正突破了传统知识的封闭状态，这本身就对教师的"知识教授"角色产生了影响，尤其是现代社会对于小学生主动学习，独立学习和合作学习能力要求的提高，以及师生之间交流活动范围的扩大，小学教师的"教授"角色逐渐被"激励者和领导者"所取代。

小学教师必须意识到，孩子们不仅从老师那里学习，而且更多地通过同龄人、其他成年人、社交媒体、互联网等来学习。小学教师的主要任务是鼓励孩子学习、思考、认识和掌握各种获取学习资源的方式，同时培养孩子解决问题的能力。因此，教师必须在教学中为孩子的主动学习和合作学习创造良好的环境和机会，让孩子在"学"中学会"学"！

如果小学教师能够将这些角色和功能，充分融入自己的教育教学生活中，那么他们一定可以成为促进儿童身心健康发展的重要支撑力量。

第二节 小学教师专业特性

一名小学教师要想满足小学教育实践，需要一定的学科资格或专业水平，这是因为小学教师具有自己的专业特点。小学教育是启蒙教育，在这个阶段，小学教师以极大的耐心与爱心同孩子交往，通过与孩子互动的各种课程，引导孩子向真、善、美发展。与大学和高中教师相比，小学教师在教师的知识、气质、性格和应对能力方面具有不同的专业特点。

不得不说，随着基础教育本身的不断发展和进一步研究，出现了许多不同的观点，即小学教师具有自己独特的专业特点，因此，小学教师的培养也应有不同的专业定位。例如，有学者将小学教师的特点概括为：性格上比较关注感性和更加强调人文主义；突出知识结构的完整性；强调教育和教学的技能和艺术；培养孩子的心态；具备基于教育背景进行研究反思的能力。有专家认为，小学教师的性格特点应体现在五个方面：细心、耐心、热情的性格特点；综合专业知识；更能表达语言、课堂组织能力和诊断学生学习困难的能力；思维有序、系统、理性、流畅；学习儿童身心发展规律的能力。也有学者将小学教师的专业特征概括为三个特征：专业情意、专业知识、专业能力。

上述对小学教师专业特点的分析除了表达上的一定差异外，还有一个共同的方向：小学教师作为具有专业发展的个体，必然不同于其他教育层次的教师（如幼儿园教师、中学教师、大学教师等），我们将从专业情意、专业知识、专业能力三个方面分析小学教师的专业特点。

一、具备关爱儿童和促进儿童发展的专业情意

专业情意是指教师对教育、教学的一种浓厚的感情，一般可从专业理想、专业情操、专业自我三方面衡量。

（一）小学教师专业理想的灵魂

不得不说，小学教师专业理想是每一位教师为实现成为成熟的教育教学工作者的最终向往和追求，是推动教师专业发展、投身教育事业的根本动力。

我们相信，小学教师专业理想的核心是关爱孩子、关心学生。那是因为小学教师是与 6 ～ 12 岁的儿童打交道。在这个阶段，孩子们的生活发生了很大的变化：这些学生从以游戏为主的家庭生活（或幼儿园生活），转变为以学习为主的学校生活。关于儿童的情感发展，儿童对家庭的依恋感和归属感是一种源于血缘关系产生的情感纽带和相互之间的复杂情感。小学教育应通过师生交往，建立亲密的师生关系，将上述以生物血缘为联系的情感扩展到更高层次的社会精神情感，包括理智感、道德感和美感。因此，小学教师尤其要用眼神、表情和肢体动作表达出善意，向孩子们传递爱的信息，让小学生与小学教师及其学校之间，建立起一种相互联结的纽带和信任的关系。然而，小学教师对孩子的爱与母爱不同，它是在教育环境和教学实践中形成和发展的一种高级社会情感。因此，教师对学生的爱，是建立在尊重孩子的个性，和承认每个孩子的发展可能性的价值的基础上的。

（二）小学教师专业情操的核心

教师是否具有专业情操，主要是判断教师对教与学的价值体验是否良好和对于教学体验的评价是否正面。尤其是小学教师的专业情操，要深刻理解小学教育的工作和责任，引导学生学会尊重他人和承担责任；它需要基于小学教师对职业道德的高度认同和职业使命感。

小学教师每天都会遇到正处于精力旺盛时期的小学生，这一阶段的

学生发展具有主动性、多样性和可塑性的特点，他们聪明、好奇、天真、有抱负，并且有很好的理解力，他们是教学活动中的重心和核心。小学教育的目的是在整个学校和生活中，依照小学生的身心发展规律，有效促进学生身心的发展。

小学教师要认真研究和了解小学生的身心发展规律，了解小学教育的特点，指导小学教育工作都应该以小学生的身心健康为出发点，这才能做好工作，成为一名优秀的小学教师。

教师的作用是培养社会所需的人才，再好的教育，最终也只有通过孩子的选择和发展，才能最终实现学生自身的建构。如果教师不研究孩子，不了解孩子，无论如何研究教授的知识和技能，也无法提供有效的教学，也就不可能助力学生，使其取得成功的学业成就。

（三）小学教师专业自我的保证

专业自我是教师思考、接受和认可自己的教学工作的一种心理倾向。小学教师的专业自我效能感，建立在对小学教师价值的深刻理解和对自身身份的认同之上。正是因为对小学教师价值的理解和认同，小学教师才能拥有自己对独立思考的认知，积极地发展自我，能够准确面对自己所处环境的现实，感受深刻自尊、自信和自我价值。

二、具有综合性的知识结构

从孩子的智力来看，小学阶段的孩子的思维还没有明显发展到一个较高的水平。小学阶段的孩子对这个世界的理解是综合的、较为整体的、生活化的。教师在孩子的生命存在的综合世界中，必须做出正确的引导，因此，小学教师必须具备综合性的知识结构。

小学教师必须具备的一般知识标准，除所教授的知识外，还必须满足通识教育的要求。在小学阶段，小学生有了解各种学科知识的需要，因此，与之相对应，小学教师必须具备综合性的知识，掌握小学教育教学理念，了解小学生身心发展的特点和规律，了解处于不同年龄段的小学生。为了培养学生的感性认知，小学教师应该具有一定的人文社会知识；为了培养学生的美育发展，小学教师应该具有一定的艺术欣赏能力和表现艺术的能力。

此外，小学教师对知识结构的综合理解，可以随时帮助孩子在现实世界中找到符合自己的生活问题的解释，以及明确这一事实将会产生的影响。同时，小学教师可以将科学理论，灵活应用于学生的生活世界，并且引导学生逐渐培养学习和生活的能力。

三、形成自我反思性的行动研究能力

教师有基于教育教学现场、直面教育实践问题解决的特征，我们将专业能力界定为具有自我反思性的行动研究能力。

小学教师应该进行的研究是：小学教师对自身教学与改进的自我反思和研究，着眼于有效地改进自身教学能力和自身研究能力。一方面，小学教师是小学儿童的教师，而不是小学某些学科的教授者。从这个意义上说，教育的主要作用是教人，而不是教书。虽然我们也知道各级教师都应该正确定位目标，但毫无疑问，教师对孩子道路的影响和重要性在一开始就变得尤为明显和重要。另一方面，从"教"的角度来看，即各级教师所从事的教学工作，教师必须掌握一定的学科知识，遵循儿童发展的特点，如儿童听力、思维、语言和社会交往能力等。

小学教育的过程中，教师不仅要注意自己教授的知识内容，还要注意知识的呈现方式。这可以从小学教师的教学特点来解释。可以说，所有小学教师在日常教学生活中都面临着一个必须思考和研究的问题：如何将"理论知识"转变为"实践学习"，便于被小学生理解和接受。

因此，在小学教育过程中，小学教师所要求的研究能力不同于科研人员和大学教师的理论研究能力、学科研究能力。小学教师所开展的自我反思性的行动研究，是一种基于解决真实的、具体的教育困惑和难题，带有明显的自我反思特征的行动研究能力。

也可以说，小学教师的思考和研究之初，就是为了解决教学实践中

的一些问题，提高他们的教学行为有效性，有利于实施适当而有效的教育。在教学实践中，教师要竭尽全力地发挥创造力和想象力，加强对研究问题的认识，研究学校的实际情况，研究学生的心理和行为差异。只有通过思考和研究，教师才能发现和反思自己的教学行为和学生的学习策略出现了什么问题，从而改变教师原有的学习观念和学习方法。只有通过思考和研究，教师才能知道如何纠正和改进现有的教育教学行为、方法。只有通过思考和研究，教师才能根据学生的身心发展规律和教学发展规律的变化，调整自己的课程。了解和根据学生的需求、兴趣、知识、困惑，最终促使教师自行尝试去探索，自发地了解自己真正的发展方向。

第三节　小学教师专业标准

一、我国小学教师专业标准开发的背景

最早在 1993 年的《中华人民共和国教师法》中，曾经明确指出：教师是履行教育教学职责的专业人员。[1] 这次的描述事实上是第一次在法律角度上，明确了教师的专业地位。1993 年的《中华人民共和国教师法》中，规定了"国家实行教师资格制度"，也就是对教师资格标准和条件、申请认定程序、教师资格考试、在职教师资格过渡、法律责任等做出了规定。1995 年颁布的《教师资格条例》和 2000 年颁布的《〈教师资格条例〉实施办法》对 1993 年的《中华人民共和国教师法》中，实施教师资格制度工作中的具体问题做出了补充规定。虽然，我国的教师专业地位早早被确立，上述的政策性标准使教师的任用走上了科学化、规范化和法制化轨道。

教师地位的融入一方面需要外部条件的支持和认可，另一方面又要

---

[1] 任真. 医药院校教师教学手册 [M]. 北京：中国中医药出版社，2018：11.

依靠从事教学工作的专业人员创造。改革开放以来，特别是进入21世纪以来，我国教师队伍建设取得了丰硕成果，为教育改革发展提供了强大的师资力量。但是，随着我国经济的发展和教育改革的深入，中小学教师的发展也出现了一些亟待解决的问题。例如，应提高教师数量、提升教师岗位吸引力、均衡教师分布，资源和管理制度也应完善。尤其是在现实中，由于小学教师的工作成果并没有得到广泛的认可，小学教育仍需要家、校、社三方共同促进其发展水平的提高。

　　小学是人类生活发展的重要起点，小学教师的素质关系到学生学习生活的开展水平，关系到亿万家庭的希望，关系到国家和人民的未来。小学教师队伍需要引入对应的专业水平标准，让小学教师明确小学教师的工作，完成合格的小学教师工作，并发挥有效的指导作用。同样，对小学教师的选拔、招聘、培训和评价具有重要意义。

　　当前，我国正实施的《中国教育现代化2035》，是我国未来十年教育改革和发展的宏伟蓝图。在《中国教育现代化2035》中，"健全教师管理制度"被再次提及。《中国教育现代化2035》还进一步要求"建设高素质专业化创新型教师队伍……培养高素质教师队伍，健全以师范院校为主体、高水平非师范院校参与、优质中小学（幼儿园）为实践基地的开放、协同、联动的中国特色教师教育体系。强化职前教师培养和职后教师发展的有机衔接"。确定了教师专业标准体系是健全教师管理制度的重要内容。

　　可见，制定并实施小学教师专业标准也是落实《中国教育现代化2035》过程中的一项必要而紧迫的任务。

二、制定小学教师专业标准的意义

（一）规范教师专业行为

　　制定并实施小学教师专业标准，首先要规范一名合格小学教师的"专业理念与师德""专业知识""专业能力"这些方面。教师必须进行仔细梳理后，明确小学教师的教学规范，确定小学教师独有的特色。

制定并实施小学教师专业标准，有助于在一定程度上，规范教师职业行为，促进小学教师职业发展。小学教师专业标准必须强调"师德为先、学生为本、能力为重、终身学习"四个核心内容，这些核心内容为小学教师的职业行为和发展提供了方向。

制定并实施小学教师专业标准，促进了小学教师职业化。小学教师肩负着人类早期教育的重任，小学教育应与中学教育、高等教育一起被视为专业性较强的工作，不能被随意取代。

制定并实施小学教师专业标准，也明确了小学教师的职业地位，有利于增强小学教师的自信心，提高小学教师的社会地位，促进小学教师的整体职业发展，有利于建设高质量的小学教师团队。

（二）设立教师合格标准，促进教育公平

制定并实施小学教师专业标准，有利于促进宏观教育的公平。公平合理的小学教师专业标准，是促进东西部、城乡义务教育的均衡发展和我国教育发展的重要手段。

为实现义务教育均衡发展的目标，除了规范校舍、设备等硬件建设外，还必须实现师资均衡。只有制定统一的小学教师专业标准，加强小学教师教育和教师管理，我国所有小学生才能公平地享受到合格甚至是优质的小学教师的教育。

制定并实施小学教师专业标准，也有助于教育公平地推进。从教师个体的角度来看，教师不仅要启迪人心，更要培养学生的品格，提高学生的心智，自觉消除不平等，为小学生创造和谐的环境，维护和促进社会正义的学习环境。

小学教师专业标准强调"师德为先""学生为本"的理念，明确要求小学教师"平等对待每一位小学生""不歧视、讽刺小学生""尊重小学生个体差异""主动了解和满足有利于小学生身心发展的不同需求"等，有利于小学教师加强自身修养，倡导和践行公平正义的理念。

（三）为教师职前培养、职后培训提供目标参照

制定并实施小学教师专业标准，有利于针对小学教师开展培训。师范院校长期以来为国家培养了一大批合格优秀的小学教师，但也不能满足国民经济和社会发展的需要。

20世纪90年代后期以来，我国小学教师教育逐步演变为以小学教师为核心的三级教师教育体系。通过新型小学教师教育培养出什么样的更专业的小学教师，已成为小学教师教育改革发展亟待回答的问题。

制定并实施小学教师专业标准，有利于小学教师教育机构明确培养目标，相应地完善培养方案，科学地确定小学教师教育课程，减少和消除教师培养的直接性和随机性，并提高小学教师素质。

小学教师专业标准对各级各类形式的教师培训提出了基本要求。教师要不断发展，从进修的角度来看，通常教师每五年接受一次师资培训课程并完成一定的进修课时，每次的内容和要求也各不相同。

因此，制定并实施小学教师专业标准，可以为小学教师的专业培训制定明确的标准，有利于提高教师培训质量，有效促进小学教师培训一体化，保障小学教师专业持续发展。

（四）为小学教师的资格准入、考核与评价提供依据

制定并实施小学教师专业标准，为小学教师的认证设定了门槛。以往，我国小学教师的聘请和任用过程，由于缺乏明确的小学教师标准，基本上是经验性的，选拔人才的科学性难以凸显。尤其是随着教师专业的开放，更需要专业标准来指导有关部门或学校掌握小学教师的资格，严格控制人数，选择符合专业标准的人才加入小学教师队伍。选拔出合适的小学教师，有利于保障和促进小学生身心健康发展。

制定并实施小学教师专业标准，也为在职小学教师的考核评价提供了客观依据，有助于有关部门确定教师管理制度，呈现出由目前小学教师职称评价向学术评价转变的发展趋势。唯学历和唯论文的评价标准不利于小学教师队伍的长远发展。制定并实施小学教师专业标准，可以保

证小学教师团队的健康发展。

（五）与国际教师教育改革发展的趋势相吻合

20 世纪 60 年代，联合国教科文组织以官方文件的形式正式提出教师专业化的发展取向。之后，尤其是 80 年代以来，通过明确教师专业标准来突显教师职业的专业性、推进教师专业化进程，成为世界上许多先进国家提高教师质量的共同战略。我国制定并实施小学教师专业标准，正是与国际教师教育改革发展趋势相适应的具体措施的体现，有助于在小学教师专业化方面与国际接轨。

总之，制定并实施小学教师专业标准是小学教师队伍建设的发展趋势所向，是小学教师专业化的重要保障，对我国小学教师队伍建设具有基础性、先导性和全局性的作用。

三、小学教师专业标准

制定并实施小学教师专业标准参考的四项基本内容为：师德为先、学生为本、能力为重、终身学习。这四项基本内容突出强调了师德的首要性、学生的主体性、能力的重要性、终身学习的时代性。其中，"师德为先"明确了师德居于教师专业的首要位置或第一要素；"学生为本"体现了以人为本的教育理念，也是教师专业的出发点和归宿；"能力为重"则强调了教育教学能力是教师专业的重点和重心；"终身学习"基本理念是对教师专业的可持续性、发展性提出了要求。

（一）师德为先

"师德为先"强调了师德对于小学教师的重要性。教师是一种特殊的职业，在教师的工作中，工作面向的不是物，而是人。教师不仅需要用自己的专业知识和专业技能从事小学教学工作，更需要用自己的职业道德开展教育教学工作。在初等教育这个阶段，不仅要求教师传授必要的知识和训练学生发展相关的技能，更是要求教师为学生健康成长，逐渐发展成为一名对社会有用的人奠定基础。因此，小学教师要增强教书育人的责任感和信念感，坚持社会主义核心价值观，从而开展教学活动。

教师师德，是做一名小学教师的第一要素。小学教师的教育对象是身心发育较快、可塑性强和对成年人相对依赖的儿童。小学阶段是儿童走出家庭框架进入社会的初级阶段。这一特殊阶段以及小学生具备的特殊品质决定了他们需要来自成年人的细心照顾和帮助，小学教育也是教育的黄金时代。因此，小学教师要特别重视师德教育，重视榜样作用，坚持"爱国守法、爱岗敬业、关爱学生、教书育人，为人师表、终身学习"[①]。恪尽职守、敬业奉献、关爱学生，教师真正地关注学生的身心发展，为小学生健康快乐地成长打下坚实的基础。

对于小学生而言，教师的影响力非常大，往往教师简单的一句话，会在学生的脑海中留下一生的印象，从而影响小学生的一生。因此，小学教育是一件需要高度责任心和奉献精神的事情，小学教师要有良好的职业道德，有爱心、有耐心，精心培养和教育孩子，确保孩子健康快乐地成长。

（二）学生为本

"学生为本"是"以人为本"理念在学校教育中的具体体现，也是一种教学的价值追求。小学生是积极发展和不断变化的个体。小学生具有不稳定、可塑性、好奇心强烈、天真、活泼等特点，还不具备很强的规则感，在教育教学过程中，小学生占据着最重要、最中心的位置。

"学生为本"强调小学教师应尊重小学生的主体地位和平等权益，应尊重和服从小学生身心发展的年龄特点和规律，对小学生的身心发展负责任。小学教师开展小学生心理健康和教育工作时，注重鼓励学生积极主动地参与学习，坚定不移地尊重、关注、爱护学生，保护学生安全，把促进学生身心全面和谐发展作为教育教学的最终目标。

小学教师要关注小学生的基本特点，把握小学教育阶段的教育特点，从对小学生的督导入手，认识到小学教育的一切工作必须以小学生的健

---

① 汪明春，杨会燕．教师教育综合素质教程 [M]．武汉：华中科技大学出版社，2016：107.

康成长为基础，这是做好小学教师的重要前提。教师的任务是教书育人，无论教师想要对学生施加何种教育影响，归根结底只有通过儿童自身的选择与建构，才有可能真正地影响儿童发展。教师如果忽视了"学生为本"，也就不能真正地了解学生的想法，教师不可能发挥出足够的教学影响力，也不可能实现真正有效的教育。因此，这就要求小学教师把小学生的身心健康和生命安全放在首位，第一要确保小学生健康成长。这是小学教师对小学生持有的最基本的态度和行为的起点，直接体现了小学教师的职业道德和职业素质。这也是作为一名小学教师必须始终坚持的，"关爱小学生"是"为小学生快乐成长创造条件"的重要前提，"为小学生快乐成长创造条件"是"关爱"和"尊重"的具体体现。这些要求之间不仅相互融合，而且连接学生成长发育的过去和未来，起到相互影响的作用。

总之，"学生为本"强调学生的主体地位，要求教师尊重学生、关爱学生，充分发挥学生的积极性，为学生提供因材施教的教育，鼓励每一个学生积极活泼地发展。

（三）能力为重

小学教师的能力是专业标准中的重中之重，本质是强调小学教师将专业知识、教育理论与教育实践相结合，不断研究，从而不断改进自身教育教学工作，不断提高教学专业技能。教师的专业能力是教学理念和教师专业知识的载体，直接关系到最终呈现出的教育教学的质量和效果，直接影响学生的学习效果、教学实践、创新能力的形成和发展。

小学的教学工作是一种具有很强的实践导向性的专业工作。小学教师在面对充满活力和处于成长发育阶段的小学生时，他的能力体现在认识学生、了解学生、把握学生的性格特点和年龄需求方面，同时体现在教育教学方法的实践方面。小学各种学科的教学和各种教育活动，都需要科学的设计方案和合理的组织。在学校教育教学中，小学生在不同的情境和条件下会依据不同的需求，产生不同的行为，小学教师必须具备较强的专业技能，提供适合发展的教学策略，灵活运用各种有效的教育方法。小学教师要主动将理论学习与教学实践相结合，不断经历反思、实践、再反思的过程，最终提高专业技能，提高教学智慧。

（四）终身学习

终身学习是当今社会不断发展的一个重要特征。教师要积极适应经济、社会和教育发展的需要，在建设学习型社会的过程中，发挥教师的引领作用。教师必须随着科学文化知识的不断发展和儿童世界的不断变化，优先考虑终身学习，不断优化现有的知识结构，不断提高文化水平，做学生终身学习的榜样。

教师的专业发展是一个教师不断提高自我的过程，需要教师终生的专业学习。教师不仅要"教育学生"，更要"教育自己、充实自我"。只有教师不断进步，不断前进，才能更好地鼓励学生不断学习，不断完善自我。教育改革和社会不断发展使教师教育不再是一项终结性任务，而是扩大和延伸到教师职业生涯和实践的全过程。教师应该是教学者，同时是一名学习者，是一名具有专业反思能力的终身学习者。

教师的终身学习主要体现在主动发展的意识、不断反思和制定发展规划的能力上。小学教师既是小学教育者，又是与小学生、教育改革、社会共同成长的学习者。小学教师要了解社会变化和教育改革发展的趋势，了解不同年龄段孩子的身心发展特点，同时要把握国内外教育发展的趋势，跟上发展的步伐，不断学习新的教育理论和知识，不断充实和提高自己，使学习成为自己生活中的一种习惯，不断吸取新知识，了解新研究，不断提高教师的道德修养和教育智慧。在新的时代背景下，我们强调学生必须培养终身学习的意志和能力，教师也应该在职业生涯中体现这种终身学习、不断进取的精神。

第四节 新时代小学教师的要求

一、"职业理念与师德"领域的基本要求

新时代对于小学教师可以从多个维度加以要求。从"职业理念与师德"领域的基本要求来看，主要包括对小学生的态度与行为、教育教学中的态度与行为、个人修养和品行三个方面对小学教师的职业理念与师德提出了基本要求。

"职业理念与师德"领域的基本要求表现在对小学生的态度和行为，教师必须突出小学生的生命教育重要性，明确要求教师"把保护小学生的生命安全放在首位""尊重小学生的人格""信任小学生""尊重个体差异""积极创造条件让小学生过上幸福的校园生活"。

在教育教学的态度与行为领域，以"育人为本，德育为先"的理念为首要要求，同时强调尊重法律，为小学生提供适合学生年龄段的教育，注重引导小学生体验学习，学会学习，养成良好学习和生活习惯。

在个人修养和品行方面，对教师个人修养和品行提出了很多要求，如更注重教师个人的人格、品质和品行的发展。

二、"专业知识"领域的基本要求

新时代对小学教师的要求，聚焦教师"专业知识"的领域，可以从小学生发展知识、学科知识、教育教学知识和一般知识教育四个方面对小学教师专业知识提出了基本要求。

其中小学生发展知识领域，在小学教师专业知识领域中占比最大，主要以保障和促进小学生健康发展为目的。教师必须掌握一定的法律法规和教育学生的知识。

在学科知识领域，为了强调小学教育教学的完整性，要求小学教师了解跨学科知识、完整的知识体系、所教学科的基本思想和方法以及它们之间的联系。

在教育教学知识领域，从小学教育学与教学理论、小学生发展规律、小学生认知规律、课程标准和教学知识四个方面提出基本要求，突出小学教育学的特色。

在一般知识教育方面，要求小学教师具备相应的自然科学和人文学科知识、艺术欣赏与表达知识的能力、信息技术知识和对我国教育体系基本情况的了解。

三、"专业胜任力"领域的基本要求

"专业胜任力"从教育与课程设计、组织与实施、激励与评价、沟通与合作、反思与发展五个方面对小学教师职业能力提出了基本要求。

在教育与课程设计领域，小学教师必须具备从小学生个体和小学生集体两个方面制定教案、使用教材、编写教案、设计团队活动的能力。

在组织与实施方面，小学教师对教育教学能力的要求最高。它包括建立良好关系的能力、创造合适的情境、处理突发事件的能力、运用教育技术、调动小学生的积极性、发挥小学生的主体性、提高小学生的认知能力以及各种表达能力和写作能力。

在激励与评价方面，强调小学教师必须具备综合性、程序性、多元性和积极性的评价能力，具有不断改进教育教学的能力。

在沟通与合作方面，建议小学教师应具备与小学生、同龄人、家长、社会等进行交流与合作的能力，其中，特别强调教师与小学生沟通时，需要采用适当的语言进行交流。

在反思与发展方面，建议小学教师应具备对教育教学进行分析、反思、研究的工作能力，具有提高教育教学工作的能力，提高专业素质的能力。

四、智慧教学基本要求

2019 年 2 月《中国教育现代化 2035》的推出，明确了教育信息化是教育系统性变革的内源性动量，是教育现代化的核心驱动力，提出了信息技术与教育教学深度融合、创新发展的新理念，并为基础教育教学方式变革指明了方向。

中国教育现代化倡导并践行智慧教育，而智慧教育的落地实施催生了智慧教学新模式和智慧学习新方式。智慧教学模式是在智慧课堂环境下，教师创设学习环境和空间，深度融合和创新应用教学资源和教学技术，重构课堂教学组织和生态，为学生开展体验式学习、混合式学习和个性化学习提供精准指导的解决方案与流程。因此，智慧教学对于小学教师应用信息技术的能力，是否关注学生的个性化成长以及能否创设教学情境提出了要求。

第二章　小学教师专业发展理论基础

所谓教师的专业发展，实际上是指一名教师在其教学生涯的各个阶段逐渐掌握良好的、专业的知识和技能的过程。因此，一名教师专业发展，是该教师为实现提高教学专业水平、促进专业成长、提高教学效果、强化学习而进行的自主选择活动和学习的过程。[①]

教师为实现教学有效性，必须掌握教育发展的复杂性，注重具体教学法和课程创新的实施，同时研究作为一名教师应该如何学习教学，如何获得知识和提高专业成熟度，以及如何随着时间的推移保持这种状态。[②]专家学者必须进一步研究有哪些因素真正影响教师积极性，促使教师获取更多学习和工作机会。

教师首先是一名成功的人，其次在开展职业培训之后，最后才逐渐发展为"师"。专家学者认为，必须努力推动教师发展的回归主体性，促进教师的不断进步和提高。

教师专业发展是教师专业成长的过程，是指教师个体通过外部机会（如培训、后续学习、访问等）获得的专业知识和自身发展。教师通过自

---

① 余文森，成尚荣.教学主张与名师成长[M].福州：福建教育出版社，2017：127.
② 仲晓莲，董诣卿，刘淼.美术教育与审美教育[M].长春：吉林人民出版社，2020：104.

我反思提升专业性和自主性。[①] 教师专业发展强调教师个体化、主动化的专业成长，反映教师个体从非专业化到专业化再到非专业化（自我意识）发展的动态过程。从时间来看，教师专业发展不仅是指职前教育和教师岗位培训的分阶段、渐进式发展，而且是贯穿教师一生的终身发展。也就是说，教师专业发展所涵盖的内容，不仅包括教师作为"教师"所具备的"传教解疑"的基本技能，还包括不断培养教师的积极情绪、健康人格和良好视野。

研究小学教师专业发展的前提是明确理论基础在研究中起到的作用和各个理论之间的相互关系，明确这两点是构建小学教师专业发展研究分析框架、保证小学教师专业发展研究逻辑一致的关键。

本章从哲学、心理学和社会学的角度，运用复杂性理论、具身认知理论、场动力理论、实践逻辑理论对小学专业发展动力产生的影响进行深入讨论，系统地探讨了小学教师专业发展的动态。

本章试图从哲学的角度，主要参照复杂性理论，综合分析小学教师专业发展的激励因素，揭示小学教师专业发展的激励机制。本章从心理学的角度，借助具身认知理论，运用场动力理论，分析了小学教师专业发展动力产生过程的心理和生理因素以及心、身、环境的相互作用。从社会学角度分析小学教师专业发展动力，主要运用实践逻辑理论研究小学教师专业发展动力产生的实践过程和场域因素，建立适应小学教师专业发展的动力机制。最后，基于复杂性理论、具身认知理论、场动力理论和实践逻辑理论，结合实际研究，探讨了小学教师专业发展动力产生机制及其现实表现与发展的具体路径。

---

① 刘乐乐，牛立蕊. 核心素养视域下的高校教师专业发展路径 [M]. 长春：吉林大学出版社，2018：83.

第一节 具身认知理论

一、具身认知的命题理论

具身认知理论缘于二元思维的困境。思维的二元论有深厚的历史渊源。思想的二元论最早可以追溯到古希腊的苏格拉底,他认为,知识是某种抽象的,具有先验性的,是理性的产物,具有普遍性和超越性;反之,那些世俗的、经验的、直观的和具体的事物,实际上都是虚幻的、转瞬即逝的,不是真正的知识。

柏拉图把世界一分为二,分为感性世界和理性世界,感性世界是指人可以居住其中,并可以在这个空间内直接接触的物质世界。理性世界是人的灵魂的居所,由精神控制的世界。他认为理性世界高于感性世界,灵魂主宰肉体,理性主宰欲望。真正的知识是关于观念的知识,而不是经验的、实践操作应用的知识。

从认识论的角度来看,法国哲学家笛卡尔(Rene Descartes)通过"怀疑"和"批判"的方法,深刻地证明了身心具有二元性,表明物质与精神、身体与灵魂是二元的存在。身体与灵魂的二元是客观世界表现的结果。

怀疑论者休谟(David Hume)提出"两种知识"理论,认为人类理性的一切对象可以自然地分为两种,即思想的关系与现实。前者是基于经验,是确定的关系,是必然的、普遍的;后者是经验事实。著名哲学家康德(Immanuel Kant)将人类知识总结为纯粹知识和经验知识。

有学者指出二元论的真正困境是:如果万物都化为精神,世界将被概念化,人将成为超验的有意识的主体;如果一切都被简化为物质,人将成为机器。

在二元思维的影响下，认知信息加工理论和联结主义心理学将人类的认知过程定义为对符号和信息的加工和操纵，从而忽略了身体、活动和经验在认知中的作用。可见，离身认知论把认知过程看作是心灵的内在演绎，认知的结果是心灵对外部世界的抽象反应，从而使身体参与其中。认知主体在认知过程中摒弃参与物理感知和情感体验，通过逻辑演绎和抽象表征达到认知的立体性、客观性和确定性。

然而，人的认知过程不仅是简单的心理运动和逻辑演绎，二元论思想忽略了身体、经验和环境的差异。同时，由于二元论的思维没有对身体进行正确认识，必然陷入片面的境地。因此，将思想、身体、经验和环境融为一体的具身认知论应运而生。

二、具身认知理论的学术溯源

鉴于上面提及的二元论存在一定的弊端，离身认知论具备诸多局限，许多学者在研究过程中，不断地探究，并且对其进行了深刻的反思和严厉的批评。

埃德蒙德·胡塞尔（Edmund Husserl）提出，知识不是来自客观世界或某些人的主观思想，而是来自主体和客观世界的交流和讨论的要素。

马丁·海德格尔（Martin Heidegger）认为，人的存在是人的生命存在于世界，而人们认识世界的方式就是用我们的身体以正确的方式与世界互动，获得关于世界的知识。在互动过程中，人嵌入了世界，与世界合而为一。

梅洛·庞蒂（Maurice Merleau-Ponty）认为，对身体的感知是行为的基础。对世界的认识是以身体为媒介，身体与世界之间的和谐是身体对世界的感知。身体与世界相关联，身体嵌入世界，而知觉、身体和世界是一个统一的整体。人们通过身体而不是意识与世界发生关联，即人们以"体认"的方式认识世界。梅洛·庞蒂提出了"具身主体性"的概念，"他认为人不是一个脱离肉身的思想或复杂的机器，而是一个活生生的、主动的和具有创造性的主体，其主体性是通过身体与世界的互动来实现的。

威廉·詹姆斯（William James）的情绪理论指出，身体在人心智的成熟过程中起着重要作用，作为一种心智状态，情绪与人的身体反应有关。没有一个确切的环境，就无法解释心理事实。因此，情绪是由两种不同的东西组成的，也就是身体和心灵，心灵永远与身体分离，情绪和思维是身体对世界有目的的相互作用的许多身体功能体验。

杜威（John Dewey）始终强调，把理性和经验分开本身就是错误的。人类的一切理性思维都是以身体活动和经验为基础的。在思维的操作和生物的、生理的操作之间并不存在一个连续上的断裂，这意味着理性操作源于身体器官的活动。因此，人类的认知、语言、知识等都产生于身体的知觉和行动。

发生认识论的创始人皮亚杰（Jean Piaget）认为认识既不起源于客观环境的刺激，也不是缘于固有的先验范畴，而是主体在实践活动中的建构过程，认识的发展是身体和环境互动的结果。

维果茨基（Lev Vygotsky）的认知发展理论揭示了高级心理机能的社会起源，他认为所有高级心理机能最初都是外部的和社会的，思维和判断的认知过程形成于外部环境和社会文化之中。

波兰尼（M.Polanyi）指出以主客互相分离为基础的流行科学观，却不惜代价地追求从科学中把这些热情的、个人的、个性的理论清除，或者至少要把它们的作用最大限度地减少到可以忽略的附属地位。针对主客二分的科学观，波兰尼提出了"个体知识"的概念，从而表明在任何认识活动中，都存在着无所不在的个人参与。由此可见，具身认知理论有着深刻的哲学渊源和丰富的内容体系。

三、具身认知理论的基本观点

我们必须明确的是，认知是产生于作为主体的人与客观世界互动的过程之中。人的心智和认知的发展是在一个具体的环境，以人的身体结构和人的身体活动为基础。人产生的心智与认知是以人的身体为出发点，心智与其身体结构和活动相关联。常见的具身认知理论包含以下观点：

第一，在个体的认知过程中，心智、身体与环境是统一的整体。心智是基于大脑活动产生的，大脑是身体的一部分，人类又是世界的一部分。人类的身体活动，以及与之产生的活动经验正在某种程度上，极大地限制着个体的认知过程，以及最终的认知结果。心智发展必须基于人的身体活动，若想获得相关的思维发展，身体以及身体的感觉运动图式必须相应地产生变化。

第二，身体的特征制约或者决定着主体的认知行为以及认知方式。一个人的身体特征极大地约束了个体的认知行为和认知方式。比如，改变一个人所处的环境温度，个体的思维、情绪和态度等方面会产生明显的变化。一个人从温度适宜的环境走进一个较为炎热的环境，他将会产生较为焦躁的情绪。同样地，如果改变一个人的负重情况或者其他身体特征，也将最大程度地改变一个人的思维、情绪和态度等方面。

第三，在认知过程中，身体提供了认知的内容。一个人在认知成长的过程中，可以通过视觉、听觉、嗅觉、触觉等方式，提供基本的认知材料，并对其进行加工。

第四，认知的形成与身体的感觉运动系统有密切的关系。人的身体运动可以为人的认知发展奠定基础，人的感觉运动是构成人体具身认知的重要组成部分。感觉运动的图式变化将会在人的认知形成过程中发挥重要作用。一个人对概念的理解、对情绪的加工以及产生共情情绪都需要认知的参与，这个参与过程就是在复演着知觉运动的图式及其体验。

总之，具身认知理论主张认知是在一个人身体和环境的互动过程中逐渐产生的。人的心智、身体和环境是一个密切联系的统一整体，身体不仅可以决定着认知的方式和过程，提供认知的对象，而且决定着认知的效果和质量。

四、具身认知理论对小学教师专业发展动力研究的启示

在日常教学实践中，小学教师专业发展的驱动力不是仅仅源于教师

对于自身价值的信念感，也不是仅仅源于教师的能动性。教师专业发展的动力是源于教师主体的身体、心智发展与环境互动、相互作用的过程产生的最终结果。

　　针对教师专业发展得到生成力量，以及其持续性，探索教师专业发展动力的生成机制，提出一系列问题：在小学教师专业发展动力生成过程中，教师的身体处于何种位置？身体发挥什么作用？身体与环境如何互动？身体与心智之间是何种关系？

　　具身认知理论为小学教师专业发展动力研究提供了理论视角和重要启示：

　　第一，小学教师专业发展动力的生成具有具身性。小学教师专业发展，一方面涉及教师自身的身体构造、神经结构和相关的运动系统；另一方面，也必须考虑到教师自身的生活体验、经历等相关经验的影响。教师的身体是教师感知外部环境和身心发展、专业发展的必要前提。教师的实践状态可以从教师的身体状态得到展现，除此之外，不同的符号表征也可以表现出教师自身的专业发展以及专业成长的动力水平。

　　第二，小学教师专业发展动力生成的系统性与关系性。小学教师专业发展的生成过程是小学教师心智、身体与环境互动的过程。在这个互动过程中，小学教师身体、心智、所处的环境反映了客观世界，并通过与环境的有机互动不断提高教师的身体、心智发展水平。

　　小学教师专业发展的动力受到诸多因素的影响，包括教师所处的环境、文化背景的制约等。因此，探讨如何促进教师专业发展就是应该综合分析教师的身体、环境以及文化之间的复杂关系和作用方式，以及影响小学教师专业发展动力生成的系统因素。

　　第三，小学教师专业发展动力的情境性。根据具身认知理论可知，人的认知过程是一种处于一定情境之下，涉及一定的语境，受到文化影响产生的。小学教师专业发展是在教师主体所处的环境下，促进教师的身体和心灵发展。

　　第四，小学教师专业发展动力及其生成的动态性和生成性。小学教师专业发展动力的生成过程并不是一个简单的、线性的、静止的、僵化的过程。小学教师专业发展动力的生成过程是教师的心智、身体、环境和文化等各个因素耦合而生成的动态过程。

第二节　场动力理论

一、场动力理论的提出

场动力理论是由库尔特·勒温（Kurt Lewin）提出的重要心理学理论。库尔特·勒温被称为"社会心理学之父"，他是现代社会心理学、组织心理学和应用心理学的创始人。库尔特·勒温认为个体产生的行为受到其所处的空间场域影响，一个人的心理和行为表现受到个体的自身条件和所处环境相互作用的共同影响。库尔特·勒温强调环境对人的影响，人所形成的内在需求是人的内在心理力场。

一个人的需求未得到满足时，此人会处于一种紧张状态，同样，他会产生内部力场的张力，他的环境也会对应地形成一个外在的环境力场。人的行为表现受到人的内部力场和环境力场的交互作用。内部力场起决定作用，外部力场起动力作用。

二、场动力理论的主要观点

场动力理论由场论和动力学理论两种理论组成。研究场动力理论的原因是：通过应用库尔特·勒温的场动力学理论，有助于从教师的角度分析小学教师专业发展的动力体系，发现小学教师专业发展的专业发展动力的生成机制。

场论主要用于解释个体心理和行为所产生的特定空间。"场"是相互依存的事实的总和。它不仅指发生某些行为的物理空间的某些区域，还包括个体的心理区域。在一定的时空下,物理时空与心理时空存在相互依存和相互作用的关系,因此,对"场"的分析和理解必须坚持实体视角和关系视角相结合。库尔特·勒温认为,人的每一种行为都是由各种相互依存的事实相互作用产生的,而这些相互依存的事实具有动力场的特征,这是场论的基本命题。

场论主要基于生活空间或动力场来研究人类行为和心理活动。想要理解或者尝试预测人的行为,有必要将人和他们所处的环境视为相互依赖的因素的集合。我们将这些因素的总和称为个体生活空间,即生存空间由个体、环境、个体与生存空间的相互作用组成。

由此可见,个体行为的分析,必然是针对特定的时空区域、个体所处的位置,同时需要分析生理特征、个体特征、心理特征、生活史等和所处环境的个体行为的产生和变化原因。

动力理论主要用于解释个体行为动机的心理机制。动力决定一个有机体行为的所有实际的和潜在的因素。同时,这些因素相互作用产生的力量,是推动事物发展的积极力量。"动力"的含义不仅包括力的载体,还包括载体的运动。只有当载体发生变化和移动时,才能产生力,同时,力的性质是积极的。

个体行为动机的产生在于追求一种"稳态"。所谓"稳态"就是一种心理平衡,这种平衡体现在个体内在心理与外在环境的和谐。这是一种状态,是个体不断调动自身能量作用于环境的过程,同时调整环境反应的力量以保持一定的阈值,可以通过心理平衡来实现和达到一种稳定平衡的状态。

因此,动力的产生是一个消除不平衡并达到平衡的动态过程。心理过程通常是趋向追求平衡的结果,就像生物、物理、经济或其他过程,都是一种追求稳定状态的过程,以及在稳定状态下发生的变化。从一种稳定状态转向另一种状态的过程,即在某个时刻,平衡被打破,进入新的平衡状态的过程开始了。

三、场动力理论对小学教师专业发展动力研究的启示

在库尔特·勒温的场动力学理论中，"场"不仅指个体感知的外部客观环境，还包括主体在感知环境的过程中所获得和体验的意义。它不仅包括物质环境的构成和在特定情况下发生的相关事件，还包括个人的价值观、信仰、情感、动机和相关遭遇。场动力理论通过对专业领域的个体与环境分析，揭示个体行为动力学运动的成因和过程，有助于进一步分析小学教师专业发展动力的来源和产生。而小学教师专业发展的动态，是一个复杂的过程。

从小学教师专业发展的动力来源来看，根据库尔特·勒温的场动力理论，学科发展动力的产生是个体在一定的环境下多次相互作用的结果。在这个过程中，涉及学科教师因素、环境因素以及学科教师与环境的关系。

基于此，小学教师专业发展的动机来源至少包括三个方面：一是教师的主要动机，如教师信念、教师情感、教师意志和教师实践等。二是环境动力学，即某些环境成分和事件所形成的动力学。三是教师主体与环境相互作用形成的驱动力，只有教师主体与环境相互作用，环境场力才能作用于教师，产生专业驱动力。

从小学教师专业发展生成的角度来看，根据场动力理论，教学人员专业发展的生成过程是一个复杂的过程。小学教师的心理、生理等因素，以及特定环境和心理氛围，都是影响小学教师专业发展的重要因素。因此，要明确小学教师专业发展的动力产生机制，有必要对教师自身的观念和价值观进行研究，尤其有必要深入小学教师的实践领域。

第三节 实践逻辑理论

一、实践逻辑理论的提出

实践逻辑理论由法国著名社会学家、哲学家和人类学家皮埃尔·布迪厄提出的，该理论在人文社会科学领域产生了重要影响。布迪厄的研究涉及了社会学、人类学、哲学和教育学等诸多领域，他对实践逻辑理论的主张具有深厚的理论认知。

从柏拉图的理念论、康德的实践理性和理论理性，到黑格尔的形而上学，西方哲学始终处于思想与身体、理解与感性、主体与客体以及笛卡尔所说的自由之间。以伽达默尔、胡塞尔、海德格尔、梅洛·庞蒂等为代表的当代解释学与现象学的出现，旨在打破主客二元论思想。

布迪厄的思想深受现象学的影响，他坚决反对二元论，拒绝明确区分主体与客体、物质与精神、身体与灵魂、理论与实践。他指出在人为地造成社会科学分裂的所有对立之中，最基本、最具破坏性的是主观主义和客观主义之间的对立，为各自的优点辩护，需要阐明它们共有的假设。在此基础上，他提出实践逻辑理论，通过引入场域、惯习、资本、实践意图等概念，深入分析社会事件和个体行为。

二、实践逻辑理论的主要内容

布迪厄的实践逻辑理论不是基于一些能意识到的、不变的规则，而是基于一些实践图式，这些图式是自身模糊的，并常因情境逻辑及其规定的几乎总是不够全面的观点而异。因此，相对而言，实践是较为模糊，较为难以理解的。用一个公式来表示：实践＝惯习 × 资本＋场域，也就是说实践就是场域、惯习、资本相互作用的产物。

就场域而言，场域就是社会中存在的关系网络，是一种构型。社会不断分化、不断变化，社会逐渐由各种带有自主逻辑和必然性客观关系的小世界构成。在布迪厄的理论中，场域具有如下特征：

一是场域是相对独立的社会空间。每个场域都具有自身特有的逻辑规则和关系网络。

二是场域并非实体的场所，而是由各种客观关系构成的系统。在社会世界中存在的都是各种各样的关系，这种关系不是行动者之间的互动或个人之间交互主体性的纽带，而是马克思所谓的各种独立于个人意识和个人意志而存在的客观关系。

三是场域是一个充满博弈和斗争的空间。场域是一个争夺的空间。这些争夺旨在维继或变更场域中这些力量的构型。进一步说，作为各种力量位置之间客观关系的结构，场域是这些位置的占据者（用集体或者个人的方式）所寻求的各种策略的根本基础和引导力量。

四是场域的边界是模糊的，只能依据经验来界定。尽管各种场域总是明显地具有各种或多或少已经制度化了的进入壁垒的标志，但它们很少会以一种司法限定的形式出现。

因此，根据以上特征，布迪厄曾经表示，场域的界限位于场域效果停止作用的地方。

除此之外，布迪厄也对惯习概念进行了相应的拓展。惯习概念，是一种可以被设计成衔接结构与实践的媒介，通过此种途径，强调存在于社会与个体之间以及社会客观结构与主体内化结构之间的辩证关系。因此，惯习是稳定的性情倾向系统，具体表现为一系列感知图式、思维图式和行为图式。惯习具有如下特征：

一是惯习是持久的可转移的禀性系统。

二是惯习在潜意识层面上发挥作用。

三是惯习包括个人的知识和对世界的理解。

四是惯习具有历史性、开放性和能动性。

最后，布迪厄对资本概念进行了解读，认为资本只有在特定的场域存在和发挥作用，资本不仅是主体之间互动竞争的目标，也是相互角逐的手段。

由此可见，场域、惯习和资本概念不仅是布迪厄实践逻辑理论的核心构成要素，而且各自自成理论，有机建构起了实践逻辑理论体系。

三、实践逻辑理论对小学教师专业发展动力研究的启示

布迪厄的实践逻辑理论一方面关注行动者的实践过程，另一方面也关注行动过程隐含逻辑的解释和揭示。实践逻辑由惯习、实践意图、资本和场域等因素组成，是经过长期文化积累而形成的实践方案。基于实践逻辑理论视角的分析，小学教师专业发展动力的产生是教师在特定领域的行为实践所产生的发展动力，受领域时空因素的影响和限制。因此，在探讨小学教师专业发展的激励因素及产生动力的机制过程时，首先需要深入分析小学教师专业发展的现实目的。这涉及价值取向、目标取向和对小学教师专业发展的良好愿景。这些因素是促进小学教师专业发展人员前进与发展的隐性因素，决定了小学教师专业发展人员的发展。其次，教师主体的行为活动是小学教师专业发展的驱动力。教师主体的合理价值定位、明确的目标定位和相应的职业规划，必须落实在以教师为主体的教学实践中，而不是"空楼阁"。为此，教师必须在日常教育教学实践中将目标和愿景转化为实际行动，在实际行动中激发发展动力。最后，教师主体所在的时空场域也是影响小学教师专业发展力量生成的重要因素。

因此，在深化小学教师专业发展动力及其生成机制的过程中，有必要对个体时空场域、集体时空场域和公众进行分析。由此可见，实践逻辑理论为研究小学教师专业发展的动力及其生成机制提供了重要的理论支撑。

第四节　复杂性理论

一、复杂性理论的提出

复杂性理论由法国著名社会学家、哲学家埃德加·莫兰（Edgar Morin）提出，该理论在人文社会科学领域产生了重要影响。所谓的复杂性理论是指它否定了世界是一个单纯的系统，它认为世界是一个较为复杂的系统。因此，我们的知识是在学科之间被分离、肢解和箱格化的，而现实或问题易变成多学科性的、横向延伸的、多维度的、跨国界的、总体性的和全球化的。他试图在批判西方传统社会割裂、整合优化各门学科的思维模式之上，通过阐述现实的复杂性，寻求建立一种能够将各种知识融通的复杂思维方式，即复杂方法论或"复杂思维范式"。

二、复杂性理论的主要观点

（一）统一性和多样性的结合

统一性和多样性源于事物特有的复杂性。尽管事物很复杂，但重要的是要了解它们的统一性，这里的统一是事物多样性的统一，是发展过程的动态统一。

根据经典科学的简单化方法，在处理问题时，常常会采用单一的线性处理、简单的逻辑推导去分割问题，使问题简单化，但偏离了问题的核心。在科学实证主义的控制下，简单思维的传播是造成科学危机的主要原因。可见，简单思维不再有利于科学的发展和人类的进步。因此，为了重新审视科学的发展和人们面临的诸多问题，我们必须保持统一与多样性的结合。

鉴于世界及其组成部分的统一与多样性，莫兰提出应用"宏大概念"来检测物体。一个宏大概念是由不同的基本概念或观点组成的概念网络。作为构成实体的概念或观点之间存在互补、竞争和对抗的关系，它们中的每一个都揭示了复杂对象本质的一个方面，即宏大概念意味着消除学科障碍，实现跨学科、全面理解。

（二）有序性和无序性的交融

经典科学的机械论认为，事物的运动是由必然规律支配的。宇宙本质上是有序且严格的。无序只是它们的表面现象。无序的背后是秩序，其本质是秩序。因此，事物是有规律的，通过对现象的透彻分析和逻辑推导，可以了解事物的本质，揭示事物背后的规律。

然而，德国物理学家克劳修斯提出的热力学第二定律表明，世界的倾向是其往往会自发地变得无序，说明世界的表层是有序的，深层是无序的。莫兰在他的作品中指出，世界既不能是纯粹有序的，也不能是纯粹无序的。因为在一个只有无序性的世界里任何事物都将化为乌有，而在一个只有有序性的世界里万物将一成不变，不会有新东西产生。因此，世界的基本性质是有序与无序的混合。

莫兰建议我们处理这种有序和无序的混合方法时使用"策略"而不是"程序"。应用程序是做某事的一种简单方式。程序是由预先确定的一系列行动组成，这些行动只能在几乎没有随机性和无序性的环境中执行。程序无法更改，但是策略可以根据行动计划执行期间获得的信息更改保留，甚至创建新的方案。

（三）动态和开放的理性主义

经典科学理论的建立主要是通过归纳和演绎的方法来实现的。然而，归纳和演绎方法发展至今，已经受到了质疑。归纳法的致命缺陷是它不能将所有对应的现象穷尽。因此，由此产生的理论并不是严格意义上的科学理论。同时，这个理论在现实的解释推演产生的影响也大大降低。演绎法的致命缺陷是不能证明演绎点的正确性，以至于有学者认为演绎的逻辑点是不言而喻的，是先天的概念。"哥德尔不完备性定理"指出，某个数学形式系统不可能是完备的，因为其至少有一个正确的命题是不能被证明的。波兰语义学家塔尔斯基（Alfred Tarski）指出，语言系统的真理的概念不能在语言系统中表达，而只能在以系统为对象的更丰富的元语言系统中表达，即没有系统可以完全解释自己。莫兰表示，无论是哥德尔和塔尔斯基都向我们指出，任何概念系统都不可避免地只能在自身元系统之外回答问题。因此，要研究一个系统，就必须参考一个元系统。复杂性理论要求我们用动态的、开放的理性主义代替静态的、封闭的理性主义。

三、复杂性理论对小学教师专业发展动力研究的启示

复杂性理论力求打破传统经典科学的桎梏，提倡统一与多元的结合、无序与有序的融合，以动态的、开放的理性主义视角看待事物。这为研究小学教师专业发展动态开辟了新的视角。小学教师专业发展动态研究必须突破片面的线性思维，遵循整体性、系统性、发展性的思维方式，参考理论的逻辑自洽，应立足于小学教师继续教育实践。在此基础上，研究小学教师专业发展的动因，有必要坚持历时与同步、静态与动态、系统与操作相结合的原则。

（一）历时性与同步性相结合的原则

对小学教师发展动因的研究，必须打破单纯的线性思维，即打破基于教师发展的现状，遵循简单的"问题解决"逻辑。因此，对小学教师专业发展动态的研究，必须遵循历时性和同步性相结合的原则。

历时性是基于时间维度对小学教师专业发展动机的综合考量。小学教师的专业发展不是分段、碎片化的发展，而是贯穿教师职业的整体发展。从教师专业发展阶段来看，包括教师职前、职后阶段；从教师发展阶段来看，包括准合格教师、合格教师、优秀教师、专业教育教师和名师的发展过程。因此，小学教师及其专业发展的动力在时间上具有连

续性。

同步性是基于空间维度对小学教师专业发展动态的综合分析。小学教师专业发展是一个多维度、全面的发展，包括知识、技能、情感、价值观、创新思维和实践能力素质的全面发展。因此，小学教师专业发展动力的激发和产生，必须从同步性的角度，从多个维度来看待，进行整体推进和实施。

（二）静态性与动态性相统一的原则

复杂性理论假定事物的发展是有序与无序的混合，静态与动态的统一。静态是相对的，没有静态的存在，事物就变得难以捉摸。动态是绝对的，它是事物得以生存、源远流长的基本机制。在此基础上，小学教师专业发展动态研究遵循静、动态相统一的原则。小学教师专业发展动态研究要依托教师在一定时空领域的专业发展，从文化引导、制度保障等方面为小学教师专业发展动力的产生打下坚实的基础。

行为追踪的核心是教师作为"人"的发展，改变发展的"人"，一名教师一定是永远走在路上。小学教师专业发展的动因不仅要立足于一定阶段的教师专业发展的实际发展，还要着眼长远，统筹兼顾，动态推动小学教师专业发展。

（三）系统性与操作性相衔接的原则

复杂性理论不仅批评了简单的线性逻辑思维，而且最重要的是为理解事物提供了新的视角和理由。针对世界及其组成部分的多样性的统一性，主张用宏大概念来理解现象。将有序和无序融入事物的发展，提出应用策略优于应用过程的观念。打破学科界限，全面系统地厘清问题，多维度认识事物。

系统论与单一性和封闭性相对比，主张从多个维度、多个角度系统地探讨小学教师专业发展动态的构成、影响因素和发展机制，激发小学教师专业发展动力。要求小学教师专业发展力量生成路径既要全面系统，又要有功能，才能有效促进小学教师专业发展。

第三章　小学教师专业发展需求

第一节　提升教师形象需求

一、健全与改善教师培养机制

首先，为了提高教师的形象，我们必须从教师的专业发展入手。有关部门可以建立科学的教师发展规范和模式，培训机构要按照"师德为先"的要求，本着"师德为先、学生为本、能力为重、终身学习"的理念，制定小学教师培养人才发展规划。

其次，还需要改进普通学生的教学培训和教学实践过程。教学培训和教学实践是普通学生进入教师行列并在其中发挥重要作用的重要环节，尤其是教学实践，是对普通学生教学实践技能进行综合训练和教学能力检验的过程。让普通学生有机会在广泛的领域中充分锻炼自己，丰富他们的教学经验，为他们今后的教学生涯打下良好的基础。

最后，不能忽视教师的继续教育。在教学改革步伐不断推进的同时，有关部门和学校要为教师提供进修、培训和学习的机会，促进教师专业素质和技能的提高，使教师的相关技能不断更新换代。

二、建立合理的形象评价制度

为实现促进小学教师形象的改善和提升这一目标，学校要着力构建和实施更为科学合理的教师形象评价体系，努力研究和激发教师形象评价制度的引导作用、激励作用和调节作用。

具体可以通过教师自我评估、同伴评估、领导评估以及学生和家长评估相结合的方式进行。同时，学校领导可以在日常管理中采用一定的激励方式，激励方式可以包括经济激励、目标激励、精神激励、组织激励等，通过适当的激励措施来调动教师的积极性，有助于激发教师更加积极和更有责任感地从事教学工作，确保教学目标的实现和教师形象的提升。

三、家长为子女树立正确的情感导向

毫无疑问的是，家庭一直在孩子的成长和教育中扮演着相当重要的角色，孩子在家庭活动的时间远远多于在学校的时间。因此，家庭成员的价值观和行为方式，经过长时间的相处后，都会对孩子有着微妙而持久的影响。因此，树立良好的教师形象不仅取决于教师自身的努力，也离不开家庭影响因素，树立良好的教师形象需要认真负责的家庭支持。

家长应该明白，良好的师生关系对孩子的成长是非常有益的，作为家长，应及时与学校和老师沟通，全面、真实地了解孩子所处的环境，认真了解学校和授课教师的基本情况，并配合学校的工作，确保家长在孩子面前表现出正确地对待老师的态度，同时，对老师的工作给予配合和支持。家长在学校工作中的支持与配合，不仅可以促进孩子的健康成长，也可以塑造好老师的形象。

四、教师提升自身综合素质

教师提升自身综合素质的途径主要包括以下四点，如图 3-1 所示。

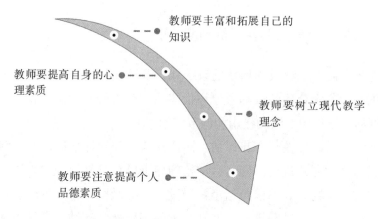

图 3-1　教师提升自身综合素质的途径

（一）教师要丰富和拓展自己的知识

小学教师要不断拓展自身已有的知识结构，不断学习。小学教师需要的丰富的知识不仅包括所教学科的知识，还包括课堂管理、儿童心理学、教学法等方面的知识。随着多媒体信息技术在小学课堂中的普及，小学教师也应与时俱进，主动学习现代信息技术，掌握一定的网络技能，具备基本的计算机操作技能。

（二）教师要提高自身的心理素质

在教学中，小学教师要努力加快从单纯的知识传授转变为学生的知识技能、情感态度和价值观的培养和发展，引导学生从被动接受学习的方法转变为教师引导并且建立学生的自主学习能力的方法。实现学生从被动式的学习方式转变为自主探究的学习方式，或者引导学生实现合作学习方式的转变。

最重要的是让教师进行心理健康教育，因为教师的心理教育，可以在课堂上以一种潜移默化的方式带给学生，对学生的影响是深远而持久的。这就要求小学教师合理定位，保持良好的精神状态，培养与同事之间的和谐关系，重视和谐关系的营造，注意劳逸结合，尽量避免因为工作疲劳导致的工作倦怠。

需要注意的是，在当今竞争日益激烈的环境下，学生对自己的成长期望越来越高，学习压力越来越大。在这些本来不应有的压力下，学生的心理问题也逐渐成为教师和家长关心的重点。因此，教师应注意对学生进行及时、全面的心理健康教育，给予学生正确的心理引导。

（三）教师要树立现代教学理念

小学教师在日常教学活动中要结合时代特点和素质教育改革要求，以学生为中心，充分调动学生的学习积极性，善于尊重学生的意见，倾听每个学生的心声，尽可能满足学生的成长需要，拉近师生距离，做学生的好老师和好朋友。因此，教师在教育教学中应尽可能地肯定和重视把自己独特的意见带到教育教学活动中的学生，虚心接受学生的意见和建议。

（四）教师要注意提高个人品德素质

小学教师应将自己的职业视为一项伟大的事业，而不仅是谋生赚钱的事业，尤其是面对不成熟和年轻的学生时，教师应有足够的耐心、细心、爱心根据学生的个性特点来解决问题，充分发掘每个学生的长处，促进学生全面健康发展。同时，小学教师在工作和学习过程中，要多与其他教师，尤其是优秀教师交流，反思自我，为自己创造良好的教学环境，为学生创造健康的成长环境。此外，小学教师还应努力提高道德自律和反省意识，特别是要不断学习法律、法规和政策知识，强化守法意识。

第二节 担当教学责任需求

在学校的整个教育教学过程中，对学生负责，是学校的主要任务，也是教师的主要责任。

教师的工作不同于一般的工作。除了必要的教学工具外，教师的言行、思想、理想抱负等对学生的成长也有重要的影响。学生是学校的主人，学校要把学生的利益放在首位，作为学校的教育者和管理者，在教育教学过程中，要充分尊重学生，时刻关注学生的成长，这是教师不可推卸的责任。

教学是教师教与学生学，是责任共担的、具有独特性的双方协作活动。当前，教学责任在教学活动中占据核心地位。国内学者从不同维度对教师的教学责任进行了研究，分别得出了不同的研究成果。研究内容主要包括：教师的教学责任观、教学责任事件的成因分析及预防策略、"有效教学"中教师的教学责任、教育者的教学责任、高校教师教学自主权、高校教学责任失范分析等。从教学责任研究现状可以看出教学责任研究主要集中在教育者的教学责任和大学教师的教学责任上，研究对象主要是幼儿园教师和大学教师。

然而，必须明确的是小学教育与青少年和儿童的发展密切相关，小学教师的教学责任同样也是不容忽视的教育教学研究问题。因此，本节基于既往的相关研究，对小学教师的教学职责研究展开阐述。

一、小学教师教学责任的概念界定

（一）教学责任的内涵

教师被称为"人类灵魂的工程师"，肩负着为祖国建设和发展培养人才的历史使命。如何不辜负"人类灵魂的工程师"的荣誉称号？这就要求每一位教师都必须认真对待教育教学工作，担负起自己的责任。

教师职业应该是一个有责任感的职业，教师的责任感是教师职业的内在要求，对教师教学责任的认识，是成为一名教师最基本的需要。因此，教师需要在教育过程中，首先要意识到自己担负的教学责任。

那么，教学责任具体是指什么呢？教学责任可以定义为：教师在开展教育教学活动和参与教学管理的全过程中必须承担的事情，也就是一旦教育教学活动中出现问题，或出现不良影响事件，教师所要承担的后果。

（二）小学教师教学责任的主要内容

我国教育家陶行知先生曾公开表示："教育就是一种社会改造，教师就是社会改造的领导者。在教师的手里操着幼年人的命运，便操纵着民族和人类的命运。"[①] 因此，作为一名小学教师，在掌握相关的专业知识和专业技能基础上，还必须要具备相应的教育教学能力，通过灵活运用教育教学能力，保证学校课堂教学有效进行，顺利开展学校教育和教学工作。

教师的教学目的就是综合提高教学质量，努力培养建设和谐社会所必需的优秀人才。除此之外，小学教师担任的教学任务具有一定的特殊性，它区别于社会其他任务和不同层次的学校教育任务，主要表现在以下两个方面。

1.教学活动方面

在小学教育中，小学教师教授该阶段对应的科学文化知识，是小学教师教学活动的根本任务。

首先，教师要通过教育教学活动，帮助小学生塑造良好的人格品质，并且掌握基本知识和基本技能。教师不仅是知识的传授者，而且是学生思想品格、德育品质的培养者和塑造者。教师开展教育教学工作之前，必须结合"教学"和"教育"两个词，知识与德育兼顾。

其次，小学教师要注重培养学生良好的学习习惯，这是小学教师教育教学工作的重要内容。小学阶段是学生身心高速发展的关键阶段，在这一阶段教师必须注重培养学生养成良好的学习习惯。特别是面向小学高年级的学生，这一阶段的学生正处于童年后期，孩子的心理发展一般处于从幼稚到逐渐成熟的过渡阶段，这个时候培养学生的良好习惯既能够起到良好的效果，也是为了学生适应即将到来的青春期生活做出的良好准备。

最后，最重要的是关爱学生。毕竟，爱学生是小学教师开展教学的

---

① 刘雨.小学教师生存状态及其专业发展研究[M].长春：吉林人民出版社，2019：147.

根本道德要求。可以说，没有爱，教育一开始就已经终结。没有爱，就没有教育，爱是教育的灵魂。爱学生，是一种教师独有的职业情感，师生之间的爱是维持和发展良好师生关系的基础，也是完成教育教学任务的重要因素。众所周知，学生是课堂活动的主体，教师组织的每一项课程活动都必须围绕这一主体进行，目的是通过引导，实现学生积极的情感体验，获取相关知识，最终学会知识，构建自己的知识体系。小学这个阶段的学生好奇心强、精力充沛、想象力丰富，教师要因材施教。考虑到这个阶段学生具备的特质，想要实现以上几点，那么教师开展教育教学活动，必须建立在教师爱学生的基础上，没有对学生的爱，就没有对教育教学的热情。

2. 教学管理方面

小学教师的教学责任，不仅体现在教师的教育教学活动中，还体现在小学教师的管理工作中。

小学教师的教学内容主要与教师的教学有关。因此，小学教师必须做好课前准备工作，做到上好课。但是想要完成这一任务实属不易。小学教师按计划完成教学内容后，还要看能否达到预期的教学效果。在实际的教育教学活动中，学生对课堂教学内容的理解往往与课程预设以及教师呈现的内容会有所不同。除此之外，课堂中会突发很多意想不到的情况，因此在实际的课堂教学活动中，小学教师除了必须完成教学工作以外，还应提高课堂教学管理能力。课堂教学管理能力主要包括以下三个方面：

一是主要是培养小学生的注意力。注意力是否集中是影响学生听课效果的一个重要因素。学生在课堂教学中的注意力与课程内容和课堂活动的重要性和趣味性有关，与教师授课的速度、难度等教学因素也有关。小学生正处于好奇心旺盛、自我控制能力不强的阶段，学生注意力不集中的现象较为普遍。因此，小学教师应该关注如何引导学生集中注意力，从而达到较好的教学效果。一旦学生在上课过程中产生不良情绪，注意力转移影响正常的教学活动时，小学教师不仅要学会如何引导学生转移注意力，还要采取适当的方法来解决学生的不良情绪，如创设较为有趣的课题或开展生动的学习任务，这些都有助于吸引学生的注意力。

二是在课堂上管理课时。在教育教学的背景下，教师要想提高课堂教学的时间效率，就应该努力将人为的浪费时间的因素减少到最低限度，并确保所有应该完成的任务都在课堂上完成。因此，如何分配时间，提高单位时间的应用效率，提高课堂的时间使用效率，取决于是否加强教师的教学时间观念。教师在计划授课的必要上课时间的同时，还必须确保课上时间传达适量的信息。对于小学生而言，课堂的负荷量不宜过重，如果课堂信息量太大，学生必然无法接受，教学效率会因此迅速下降；相反，如果课堂上，教师传达的信息量太少，教学活动就不够紧凑，造成课堂教学时间的浪费。

三是课堂活动的管理。教学课堂由适当的课堂活动组成，如学生调查活动、小组讨论活动、巩固复习活动等。教学课堂中的每一项活动都要精心组织、精心安排，教师耐心指导、及时评估课上表现。

二、小学教师教学责任冲突及其表现形式

（一）教学责任冲突的概念

所谓责任冲突，本质是指责任主体在处于责任选择时的一种矛盾的状态。即责任主体在一定情况下，陷入两难境地，不得不做出非此即彼的选择，两种选择都会让责任主体产生抵触的情绪。这种选择往往是只满足其中一种责任的要求，违反了另一种或多种责任的要求。

人们的责任冲突往往是不可避免的。毕竟，在社会中，人类并非单一身份，需要扮演不同的角色，每个角色担负着不同的责任。当多个角色身份重叠，人们想要扮演好每个角色时，就会出现责任冲突。

责任冲突并不与主体的自由选择相冲突。相反，冲突的产生恰恰是因为人们可以做出自由选择。因为责任冲突，至少表明责任主体可以在两种或多种可能的行动方案之间进行选择。否则，如果责任主体别无选

择，只能这样做，就不存在责任冲突了。

责任冲突反映了一种矛盾的心理状态。只有在责任冲突的情况下，才有责任的选择，不同的责任观念代表不同的利益。因此，责任冲突的根本原因是不同的价值观的冲突。责任冲突是一把双刃剑，它不仅是责任主体在进行自我完善时的一种必不可少的形式，也带来了对责任主体在责任评估方面的困难。进而，教师的教学责任冲突，源于社会成员对教师角色的不同要求和期望，最终导致教师内部矛盾和冲突。

（二）小学教师教学责任冲突的表现形式

从上面可知，小学教师的教学责任冲突主要包括两个方面，即角色冲突和利益冲突，其具体表现为以下几点。

1. 角色冲突

随着社会的发展，教师的作用受到广泛关注。虽然合理的冲突可以有效促进教师的学习和进步。如果冲突得到解决，会给教师带来一定的成就感，但这种责任冲突必然也会降低教师的工作热情，甚至影响教师的身心健康，教师职业带来的幸福感和教师职业的稳定性也会受到教学责任冲突的影响，导致一些教师的角色认同感发生了变化。

随着学校任务的不断变化，现代教育教学也对教师提出了更多的要求。教师逐渐从知识传授者的角色转变为学生学习的组织者、学生学习的发动者、学生学习的评定者、学生的管理者、学生人际关系的协调者、学生心理状况的辅导者等多种角色。在这个角色转变过程中，难免会产生一系列的责任冲突。

2. 利益冲突

在社会中，不同的角色身份涉及不同的利益，如一名小学教师在学校教育中获得的相应利益，学生在学习中获得的相应利益，学校通过教师教学获得的相应利益，家长在学校教育中获得的相应利益，国家从家庭教育和学校教育中获得的相应利益，这些都是各不相同的。

小学教师在教学过程中，希望通过自己的教学劳动付出得到大家的认可，希望学生通过认真地听课与学习，取得良好的学习效果。但是，当老师的期望没有达到预期的结果时，就必然会在老师的心里产生一定的责任冲突。这同样适用于小学生，在学校中，他们应该享受获取知识、与同学一起玩耍和学习他们喜欢的东西等权利。实际上，有可能现实的学校教育给予的不是他们想要的。在现实生活中，他们必须早起，必须接受不同学科教师教授给他们的知识，不得不牺牲自己的空闲时间去上各种兴趣班。学生觉得他们的利益受到了损害，这也可能导致某些责任冲突。学校和家长对孩子的期望非常高，这也给教育工作者带来了很多无形的压力。学校希望同学们为学校争光，要求老师尽其所能，提高教学质量，提高学校的升学率。家长们希望自己的孩子在学校学到更多的知识和技能，取得优异的成绩，将来考上理想的大学。社会要求教师培养高素质人才，使其成为合格的社会主义事业的建设者和追随者。

综上所述，这些不同的利益诉求和期望，无疑会引发小学教师内心的矛盾和冲突。不同的利益选择之间会存在一定的利益冲突，利益冲突的选择必然会产生一定的责任冲突。因此，教学中的责任冲突本质上是不同利益之间的冲突造成的。

三、小学教师教学责任的实现途径

小学教师教学责任的实现，需要从多种维度进行参考，主要从以下三个方面进行阐述。

（一）教育部门建立健全的教师评价体系

教师评价，主要是用于评估教师工作的实际价值或潜在价值的活动。其目的是促进教师的专业发展，提高教师的教学效能。

我国在推行素质教育过程中，对教师评价改革是飞跃式的。随着国际教育的快速发展和我国基础教育改革的不断深入，教师评价体系的改革和完善不仅是提高教育质量的迫切需要，也是促进教师专业发展的一项必要条件。因此，目前主要关注的是从长远角度完善教师评价体系，改革的内容体现在以下三个方面：

一是要注意评价主体的多元化。评价主体是指具有与教师评价相关的知识和技能，能够实际参与教师评价过程的个人或群体。为保证教师评价工作的完整性，评价主体应更加多元化。教师评价包括：教师自我评价、学生评价教师、教师与教师相互评价、校长评价和相关教育部门评价。

二是要注重评价内容的多维性。对教师的评价不仅要注重对教师专业素质的评价，还应包括对教师专业能力和专业成就的评价，从多方面综合评价。

三是注重评价过程的科学性。教师的评价过程应该公开透明，并严格按照相关评价标准逐步执行，因为这是教师获得相对公正评价的唯一途径。具体改革措施中的首要任务是改革教师管理体制。学校必须要赋予教师充分的教学自主权，学校组织并且建立激励机制，通过监察手段，保证和提高教师的教学质量。为提高教师评价标准，学校可以适当地将教师的课堂研究成果与课堂表现联系起来，并综合考量。

（二）学校加强教师教学责任培养与督导

1.注重教师教学责任观的建设

教师的教学责任主要包括对学生的教育责任、教学管理责任和教师自身的终身学习责任。

教学责任观的核心是对学生的成长与发展负责，它源于教育教学活动，教学活动具有教学性，教师失去教学责任，将阻碍人类社会文明的进步和发展。

教学管理责任是指小学教师积极参与学校管理，对学生履行管理与引导的责任。

小学教师终身学习的责任，意味着教师要不断更新知识体系，学习新内容、新思想。坚持小学教师教学责任理念建设与发展，有利于提高小学教师的教学效率，有利于提高小学教师的专业素质，有利于帮助小学教师树立教学责任观。在树立教师的教学责任观时，小学教师具备终身学习理念是重点。终身学习的理念不仅可以提高教师的内在素质，还可以拓展教师的知识面，提高教师的教学水平。因此，必须重视小学教师的终身学习责任，这也是小学教师教学责任观建设的必要前提。

2.建立科学有效的监督机制

科学有效的监督机制是保障小学教师课堂活动正常运行和发展的关键。第一，政府可以制定明确的政策要求，使相关信息公开透明，让全社会都能公开监督学校的运营过程和教师的教学工作。第二，建立区域监督责任制，分工负责，随时检查监督对象，提高工作效率。第三，可以设立教育督导机构，允许第三方参与督导活动，建立违法必究的长效监督机制。第三方可以是学术协会成员，也可以是能够及时行使监督权的学生家长。第四，学校应完善学校教学质量监督评价体系和运行机制。教学决策是履行教学责任的前提，完善教学质量监督和评价机制，是小学教师履行教学责任的有效制度保障。

（三）教师自身专业素质的提高

1.提高小学教师的专业素质

全面推进素质教育，是贯彻落实党的教育方针，即培养全面发展的21世纪人才的重要途径，是教育改革发展的必然趋势。因此，想要改变过去刻板、固化、模式化的教学方式，必须将单一的应试教育转变为综合的素质教育。

在素质教育实践过程中，教师应该是主力军。因为他们肩负着传道、授业、解惑的重任，与小学生日常接触时间最长，是真正在空间和时间上都与小学生沟通互动的人员。

教师的专业素质主要包括三个方面：专业知识、专业技能和专业情感。专业知识是指教师必须拥有广泛而渊博的科学和文化知识、深厚而扎实的教育和教学知识。专业技能是指教师的教育教学能力、课堂管理能力、教育研究能力、语言表达能力、了解学生能力等。专业情感是指职业理想、职业性格、职业感知和专业情操。

教师的专业素质直接影响学生的素质，为了提高小学教师的专业素质，重点就在于提高教师以上三个方面的专业素质的质量。那么如何才能提高教师的素质呢?

首先，教师要不断完善自身的知识体系。教师的专业知识，如一些学科知识、教学应用知识和通识知识，可以通过学历教育和专业培训来学习，也需要自己主动学习和更新自身知识储备。

其次，教师要不断提高专业技能。在专业能力方面，如教育能力、教学能力、课堂管理能力等，要在教学实践中不断积累和升华。因此，积极的教育教学实践是提高专业技能最有效的手段。提高教育教学实践的有效性，不仅可以保证教学质量不断提高，也可以成为教师专业发展的重要组成部分。

再次，教师应积极参与听课评课。听课评课的过程是一个学习和反思的过程。通过深思其他教师存在的教学问题和教学经验，可以认识并且反思自己的问题，以提高自己的教学水平，丰富自己的教学方法，提高课堂教学效率。如果每位教师都能认真地听课评课，这对提高学校的整体教学质量会有很大的帮助。

最后，教师应积极开展教育教学研究。随着教育事业的不断深入和发展，小学教师的培养和研究越来越受到重视。重视教研工作，不仅有利于教师自身素质的提高，更重要的是可以促进教育事业的蓬勃发展，这也是为什么小学教师的教学科研能力也是教师专业发展的一个重要组成部分。

2. 提高小学教师的教学责任感

教师职业的特殊性决定了教师在日常工作中必须具有强烈的责任感，这种责任感会伴随教师教育的一生。教师的责任感不仅仅是表现在遇到问题、遇到困难的时候，即便是平凡生活中一些微不足道的小事情，也可以充分展现。尤其是在小学阶段，教师更需要有强烈的责任感。教师的职责不仅仅是关注学生所学的书本知识，更要关注学生是否养成了较好的学习习惯和生活习惯，从而保证每个学生身心的健康成长。那么教师如何提高自己的责任感呢？

首先，教师要热爱教育。教师要有一颗热爱教师职业的心，真正把教育教学看成是一份事业，而不是一份简单的工作。教师应该用自己丰富的知识和智慧，去完成自己作为教师的使命，凭借完成使命的成就感和自豪感，支持教师教学责任感的不断提高。

其次，全面提高教师职业道德素质。在具体的教学实践活动中，教师开展教书育人工作。由于教师面对的教学对象是千差万别的人，这就决定了教学活动必然具有创造性、示范性、长期性、周期性、复杂性等特点，也决定了社会对教师这一群体秉持着高标准和全面性的态度。因此，教师要胜任教育教学工作，就要具备良好的职业道德，包括敬业精神、热爱教育事业和个人职业道德。教师要教育他人，就要成就自己，只有成为一名师德高尚、感情稳定、用真情关怀学生的教师，才能赢得学生的尊重，才能胜任教书育人的工作。

最后，教师学会反思和自省。教师应该把自己对学生的要求，通过自己的言行表现出来。一个没有责任心的人，肯定不会认真对待自己的工作，不会注意自己的言行，也不会仔细检查自己的工作是否有成果。教师要不断地反省自己，学会审视自我。只有学会反思和自省，我们才能发现缺陷并改进教育教学工作。

教师是一种极具责任感的职业，最重要的是，责任让教师坚持在平凡而狭窄的讲台上，绽放出自己的爱与热情。总之，教师要勇于承担学生教育的第一责任。教师责任感是教师职业良心和工作效率高低的根本区分点，也是优秀教师必备的素质。

第三节　履行心理契约需求

　　研究小学教师心理契约与发展，主要从两个方面进行：一方面是心理契约理论的研究现状，另一方面是小学教师心理契约的发展。近年来，学术研究领域对于高校青年教师的发展与培养较为重视，而对小学青年教师的发展与培养则较为忽视。

　　因此，为了小学青年教师的发展与培养，有必要就履行心理契约需求这个方面加以探讨。面对社会发展和家庭的需要，拥有较高学历的教师有着自己独特的心理契约需求。因此，良好的心理契约有助于学校留住人才，促进学校的整体发展。

一、心理契约概述

（一）心理契约的概念

　　心理契约理论是阿基里斯（Achilles）在 1960 年提出的。阿基里斯认为，在劳资关系中，不仅有正式劳动合同的内容，还有隐含的、不言而喻的相互预期，这会极大地影响劳动者的工作态度。

　　该理论提出至今已有半个多世纪。心理契约的概念也从最初的不成文契约，即简单明了地描述员工与组织单位之间的关系，发展到今天已经成为一个无处不在的术语。

　　一般来说，大多数人将广义的心理契约理解为契约双方的主观预期。这个定义主要解释了雇主和雇员之间的关系。相对而言，紧密的心理契约更加强调个体，也就是员工对组织单位对其工作回报的期望，或者他们对组织代理人做出的各种形式的承诺的渴望，并因此而感知到他们与组织之间的义务关系。然而，这种义务并不一定是组织的各个层面都有感知的，而在一定程度上只是员工的一种主观感受。这也说明心理契约没有明确直接的外在表现，它只是通过各种渠道向缔约双方提出的一种默认协议。这种隐含的协议，利用双方的相互理解来定义彼此的职责和利益。

简而言之，心理契约本质上就是一种随着环境的变化而不断变化的契约，它是一种非常灵活的契约。从另一个角度看，心理契约理论是组织单位和员工长期合作的心灵纽带，具有很强的心理暗示性，是一种隐含的相互承诺，是一种内隐之约，是一种主观契约形式。[①]

（二）心理契约的维度

国内外有许多划分心理契约的维度的方法，没有统一的理论。许多国内外学者锲而不舍地就心理契约的维度进行了专门的研究，基本上给它们划分了类别，提出二维结构说和三维结构说。他们认为，即使心理契约含有较大的个体性和特异性，但是能够按照心理契约的关注点、时间框架、稳定性、范围和明确程度等众多要素存在的差异来区分。二维结构学说可以分为交易型契约和关系型契约。交易型心理契约寻求物质和外在需要的富足，雇员的责任十分明了。而关系型心理契约追求社会情感的自我满足，雇员的责任混淆。鉴于研究方法和对象的不同，部分学者别出心裁地提出了异于二维结构学说的三维结构学说。心理契约的三维结构学说认为心理契约由三个维度构成：一是交易契约维度；二是关系契约维度；三是团队成员契约维度。交易契约维度主要是指组织为员工提供经济利益和物质利益，员工承担基本的工作任务。关系契约维度主要指组织与员工集中关注双方将来长期稳定的关系，促进双方以后的共同发展。团队成员契约维度指员工与组织双方注重人际关系和良好的合作关系。

在现有的心理契约研究基础上，有相当一部分国内外研究者开始了新的研究，他们认为心理契约也可以是多维度的，并且可以从多种角度以更多的方式对心理契约进行分析。在涉及教师这一行业时国内外的学

① 刘雨. 小学教师生存状态及其专业发展研究 [M]. 长春：吉林人民出版社，2019：159.

者也有自己独到的见解。学者将学校的教师定义为研究的对象，对他们进行深入的调查和研究并且发表自己的观点。例如，国外学者罗西欧和国内学者林丽华等人一致认为教师的心理契约主要有三个维度：关系型心理契约、保障型心理契约和发展型心理契约。关系型心理契约指的是以社会情感互相交换为基石的契约关系，是建立在彼此信任和彼此诚实的基础上的。而放到教师的心理契约维度上则是指教师对学校的心理归属感，对学校良好的人际关系，对学校关心尊重教师个体，对教师个体发展的期望。保障型心理契约指的是组织对员工的各方面保障，包括不随便开除、按时发放工资等。而放到教师的心理契约维度上指的是教师对学校给予的各方面保障的期盼，主要有经济期盼和制度期盼。所谓的经济期盼是指学校给教师提供薪酬及住房，所谓的制度期盼指的是学校按照社会的标准给教师提供良好的工作环境并实施合理的制度。发展型心理契约指的是员工能有更好、更远的职业发展，有更多的学习机会。将其纳入教师的心理契约，就是指教师对学校给教师个体提供的事业发展的空间和机会的大小，以及使自身优势和各方面潜质得到发挥的期望。除此之外，还有其他三维结构说，即关系型心理契约、发展型心理契约和交易型心理契约，前两者与上面提到的基本类似，而交易型心理契约指的是员工（教师）注重短期或者说具体的经济利益，要求工作量与报酬相对应，这样才更能激发工作的动力。本节主要是从三维结构说来划分的，分别是交易契约维度、关系契约维度、发展契约维度。

（三）心理契约的特点

1.模糊性

心理契约是人的一种心理预期，这种心理预期只存在于个人的想象范围内，是一种难以描述、难以捉摸的内心欲望，在现实中是不存在实体的。简单来说，心理契约是指双方对彼此的期望和认知，随着个人人际关系、组织政策、领导层、个人心态的变化而不断变化。从这里可以看出，心理契约的内涵和外延存在相当大的模糊性，心理契约所涵盖的内容也非常复杂。

2.隐藏性

心理契约是一种隐含的、非正式书面的契约，在一定程度上影响和规范组织员工的行为，主要是双方的一种内心感受和理解。由于教师对自己与学校的关系有自己独特的经历和看法，并且往往伴有一种情感体验，这种心理特征在一定程度上会或多或少地引起教师对其与学校的心理契约的理解变化。因此，学校必须与教师本人及时、持续地沟通。

作为一种虚构的合同形式，心理契约不仅涉及正式合同中包含的合同条款，还包括员工希望自己得到的待遇的方方面面。教师与学校的心理契约一致性越高，教师对学校的满意度越高，离校意愿越低。当然，作为一个学术机构，学校能否提高教学质量固然重要，但是否有好的师资才是一切教育活动的源泉。因此，心理契约存在于教师与学校之间，它在教师与学校的沟通中发挥沟通互利的作用。

3.双向建构性

心理契约是学校与教师之间建立的一种既包括教师对自己在学校中的权利、义务和职业发展前景等方面的期望和预知，也包括学校对教师在教学、育人、责任等方面的期望和预知。进一步来说，心理契约既有教师对学校的期盼，也有学校对教师的期望。双方怀揣着各自的目的共同努力以求各自更好地发展。这意味着只有教师与学校双方更好地理解心理契约具有双向性，才能更好地交流，才能在不断磨合中更进一步。

心理契约的双向建构性作用巨大，其不但会激发青年教师奋发的斗志，还会促进学校的各方面得到提升和发展。这样就形成了学校要求教师拥有更高的教学水平，教师希望学校拥有更好的平台的有利循环。

二、心理契约对小学青年教师发展的意义

心理契约虽然是一种内隐的、未书面化的、非正式的契约，但它在很大程度上影响着教师的教学行为。良好的心理契约可以使教师更好地

发挥主观能动性，避免学校与教师之间由于"信息不对等"而带来的工作效率低下等问题。就目前形势来说，教师与学校的人事关系已经从以往的终身制的人事关系转变成以聘任制为核心的用人制度。一个学校的好坏最关键的是教师的好坏，而青年教师作为学校最重要的资源和学校发展的中流砥柱，如果学校仅仅是以经济契约的形式来维持与他们之间的关系是明显不行的并且远远不够。与经济契约相比，心理契约更能维持双方的关系。

大量研究结果表明，随着职业期望值不断提高和待遇水平不断降低，教师的离职意向显著增加。面对更沉重的工作任务和学业压力，年轻的中学教师更容易成为职业倦怠风险群体。相比之下，大学教师和小学教师的职业倦怠要低得多。当然，除此之外，生活和家庭的经济压力，也都是引起教师职业倦怠风险的重要因素。面对这种情况，如何更好地了解教师的需求和愿望，进行有效的人力资源管理，最大限度地发挥教师的主观能动性，取决于学校和教育管理者是否深思熟虑，积极解决问题。因此，在对教师进行人力资源管理的过程中，不仅要有一份正式的合同，还要有一份良好的心理契约。基于这一原则，有必要研究教师与学校之间的期望和要求，教师与学校之间建立良好的心理契约也很重要。这不仅有助于提高学校的工作满意度和教师的忠诚度，而且显著改善了青年教师的心理健康。

因此，心理契约的起草对于刚刚开始职业生涯的青年教师来说尤为重要。作为一个非常复杂的动态过程，教师心理契约的建立和每个阶段的调整自然都有着不同的要求，教师和学校必须不断考虑。事实上，教师对学校设施的各个方面和教学水平越满意，他们离开学校的可能性就越小，他们在学校工作的时间就越长。

（一）促进小学青年教师专业化发展

教师是学生学习的榜样，教师的专业素质与教师的教学水平和学生的学业成绩密切相关。一所学校的质量取决于学校教师的专业素质。因此，促进教师专业素质发展是学校建设的首要目标。在心理契约的指导下，根据需求层次理论，良好的心理契约是小学青年教师更高层次发展的必然步骤。小学青年教师是一个知识渊博的群体，学校既要满足他们的精神需求，又要满足他们的物质需求。小学青年教师的专业素质和专业技能处于教育的初级阶段，在这个过程中，如果没有强有力的专业指导来培养小学青年教师的创造力和自主性，是非常危险的。学校需要认识到，小学青年教师的高需求只有在他们的低需求得到满足时才会出现，因此满足他们的低需求是首要之举。建立良好的心理契约需要学校和教师的共同努力。

良好的心理契约促进了小学青年教师的专业发展。作为促进心理契约的一部分，学校应该重视小学青年教师的专业发展问题。同时，在心理契约的帮助下，应给予小学青年教师提高职业素质的机会和平台。

（二）加强小学青年教师的职业认同感

良好的心理契约，可以帮助小学青年教师获得必要的职业认同感。小学青年教师正在经历一段非常尴尬的时期。社会对他们的知识和素养提出了很高的要求。但是，与之相对应的是，他们没有得到平等的待遇和光明的未来前景，小学青年教师就会面临工作压力和经济压力。这很难使他们对教师职业产生好印象，即难以产生教师职业认同感。没有良好的认同感，他们基本上不可能把工作做得更好，也不会把百分之百的精力投入其中。职业认同是小学青年教师在工作中对自己职业的评价所形成的一系列情感体验。只有具有良好的职业认同感的小学青年教师，才会不断地改进和反省自己，根据反省的结果来改变和改进自己的思想和行为。

因此，建立良好的心理契约是小学青年教师认识学校和教师职业的通行证。良好的心理契约在构建教师的自我认同方面发挥着前所未有的作用。决定学校教师工作态度和工作效率的一个重要因素就是心理契约。虽然心理契约不是正式的契约，也没有具体的书面表达，但以良好的信任度为基石，小学青年教师对学校的依恋度势必会提高。不管心理契约是否实现，积极的心理契约会促进教学工作的正常开展；相反，消极的心理契约会破坏小学青年教师工作的积极性，严重的时候，可能会导致恶性循环，产生可怕的后果。

由此可见，心理契约作为书面合同的重要补充和解释，对小学青年教师的工作态度和工作效率有着非常重要的影响。小学青年教师作为刚步入教学生涯的人，有着鲜明的个性，这就要求学校必须非常重视小学青年教师的心理契约建立，良好的心理契约有助于加强小学青年教师对其教师职业的认同感。

（三）增强小学青年教师的发展动力

小学青年教师是教师发展的重要组成部分，不仅关系到学校的教学水平，也关系到学校未来的发展。作为一群知识渊博、学历高、志向远大的小学青年教师，学校必须坚定地尊重他们，帮助他们实现自我。

小学青年教师处于职业生涯的起步阶段，他们对成就的追求比成熟的教师要强烈，他们更容易受到经济利益、社会地位等的诱惑。因此，学校不仅要依靠雇佣合同、劳务合同等有形的合约，更要关注小学青年教师的心理契约。

有形的合同契约可以留住人，但只有通过与老师进行心理沟通，达成心理契约，才能真正地留住人心。为了让小学青年教师尽自己最大的努力为学校贡献自己的精力，就需要学校与他们建立长期良好的心理契约。因此，要高度尊重小学青年教师，利用好学校的有利资源和青年教师的活泼热情，促进其就业能力的提升。这既实现了小学青年教师对人生目标的追求，又提高了学校的竞争力，实现了教师与学校的共赢。

三、构建良好的心理契约：小学青年教师发展策略

一所学校要想更好地生存和发展，就必须建设一支高素质的师资队伍，而要打造这样一支高素质的师资队伍，就必须依靠对青年教师的大力培养。

根据以上对心理契约的分析，大致可以说学校和教师基本是在心理

契约理论的基础上，需进一步完善小学教师的发展战略。小学青年教师在自我发展的过程中，主要关注的是能否认识和实现自我价值，提高自身技能。针对小学青年教师而言，建构良好的心理契约，主要通过以下五个策略，如图3-2所示。

图 3-2　小学青年教师发展策略

（一）明确办学理念

一方面，学校是教书育人的圣地，必须有明确的办学使命，只有在强有力的办学使命的支持下，教育教学工作才能有条不紊地进行下去。另一方面，小学青年教师也很关注和重视学校的办学理念、办学宗旨等是否与自身的价值观相契合，只有在契合的情况下，才能通过不懈的努力实现自己的事业在学校发展和进步的同时，有更高水平的发展。

因此，必要时学校应摒弃传统的管理方式，结合小学青年教师群体的特点，支持和激励小学青年教师在工作中实现自我。发挥小学青年教师的主观能动性，充分发挥其潜力，帮助小学青年教师以最佳的方式实现专业发展。同时，学校应采取适当措施，宣传学校的办学理念和办学宗旨，以一种潜移默化的方式鼓励小学青年教师自愿、自觉地将自己融入学校。让小学青年教师自然地明白自己工作的价值，让他们对学校有强烈的认同感和心理归属感，让他们视自己为学校的主人，心甘情愿地为学校工作，激发出教师的成就感和自豪感。为小学青年教师培养主人翁意识，这是学校繁荣和发展的基础。

（二）建立与完善青年教师专业发展机制

受心理契约理论启发，由交易激励模型可知，小学青年教师不仅有生理需求，还需要实现其个人价值。利用激励机制，可以培养小学青年教师的技能和知识的发展，为学校做出更多贡献。

作为学校管理者，物质奖励和精神奖励应该有机结合，更好地满足青年教师自我实现的需要。当然，为了让奖励措施能够最有效地实施，应该因人而异。建立和完善小学青年教师专业发展机制对教师的职业生涯发展至关重要，良好的专业素质可以让教师更好地参与教学。在这一点上，学校应该为青年教师创造更多发展和提高专业素质的机会。

（三）树立以青年教师为本的管理理念

尊重每一位青年教师的人格是学校实施以人为本的管理理念的基础。学校必须及时表彰和表扬小学青年教师在教育教学中的各种成就，让小学青年教师感受到学校对青年教师的高度认可，激发他们的工作热情，留住优秀青年教师。

小学青年教师作为一个高知识群体，具有很强的自信心、自尊心和荣誉感，因此学校应树立以青年教师为基础的管理理念，建立小学青年教师的心理契约，学校管理为青年教师与学校建立良好的信任关系服务。学校为青年教师提供出国留学、培训的机会，鼓励青年教师迸发对教育事业的热忱，真正做到以情留人，树立以青年教师为中心的管理理念。

（四）构建和谐的青年教师团队氛围

只有积极向上的校园文化，才能有一群积极向上的青年教师。在学校营造积极、团结、和谐的氛围，需要从内部做起，让积极和谐的氛围充满校园的每一个角落。构建和谐的青年教师团队氛围的具体措施有：

一是要多渠道加强师德修养，增强自身实力；二是多角度提高教师专业水平；三是营造多层次的教师发展环境。

想要营造一支青年教师队伍的和谐氛围，就需要从校园环境入手。在良好的氛围中，青年教师将拥有共同的价值观和信念，为校园贡献力量。

（五）加强青年教师的自我管理

青年教师是学校的灵魂，是学校的精神支柱。学校教师本身的素质决定了学校的运作水平。作为学校与青年教师之间的心理沟通桥梁，心理契约是学校管理中非常关键的因素，如果学校能够理解教师队伍建设的重要性，并采取有效的激励措施或激励政策，势必会促进青年教师对学校产生归属感和信任感，同时可以实现学校与小学青年教师的共赢。

第四节　转换教师角色需求

一、问题的提出

基础教育改革的任务是全面贯彻党的教育方针，调整和改革基础教育课程体系、结构和内容，构建适应素质教育要求的基础教育课程体系。小学课程改革的核心理念之一是"为了每一个学生的发展"。这一理念集中反映了社会发展对教育的要求，体现了教育的价值取向，这样的教育理念引导着教育活动的改革，直接影响着学生身心健康的发展和教育整体质量的提高。站在教学第一线的教师是实现这一核心理念的关键，只有教师转变自身的教学理念，增强学生的主体性，教师才能在教育改革中取得成功。

二、转变教师需求的策略

（一）教师不断完善自我

1.小学教师要树立正确的教育教学理念

一个人所持有的观念是其行动的前提，教学观念在教学中起指导作用。教师不断学习新的观念、转变旧的观念是新课程改革得以顺利实施的基础。小学教师的教育理念不仅会影响教师的教学行为，也会对教师自身的学习和成长产生重大影响。因此，要实现小学教师角色的真正转变，关键在于教育思想的解放和教育观念的全面更新。作为新课程改革的首要之举，就是教师应尽快改变原有的教育观念，树立以学生发展为核心的新教育理念。

（1）小学教师应树立"以学生发展为本"的教育理念。"以学生发展为本"是新课标提出的重要指导思想和教师行动口号。小学教师只有树立"以学生发展为本"的教育理念，才能真正将这种意识融入自己的教育教学实践中，渗透到整个教育教学行为中，建立民主、科学、尊重的现代教育制度。

小学教师在教授课程时，要充分认识到学生是学习的主人，尊重学生的个体差异，尊重学生在学习过程中的独特体验，关心学生的需求，倾听学生的需求。教师组织的教学实践从"知识与能力、过程与方法、情感态度与价值观"三个维度发展学生的智力与人格。在传统教学观念下，教师的作用是传授书本知识，但在新课程改革的要求下，教师不仅是教知识的人，更是学生学习的推动者和学生心灵健康的关怀者。

小学教师肩负着教书育人的重任，关心学生思想道德建设，是学校教育的关键。在这个过程中，教师仅仅教授简单的书本知识远远不能满足这样的要求。作为小学教师，在学生成长过程中更应该关注学生的心理健康和思想道德建设。因此，教师在培养学生智慧的同时，更要重视学生的心理健康和思想品德建设。开展有意识的专项教育，使学生在学习的同时认识到思想品德对人的生存和发展的重要性。

（2）"以学生发展为本"理念在教学中的落实。

第一，教师主动开发和利用课堂内外的学习资源，让更多的学生有学习的机会。教师可以在各种实践活动中，提高学生对所学知识的使用意识，培养学生的人文素养，促进学生水平的全面提高。

第二，根据学生的实际情况，灵活选择和推荐适合学生学习的阅读材料，激发学生的学习热情，培养学生的人文素养和道德情感，同时拓展学生的知识面。

第三，教师可以根据课堂的教学需要，适当创设情境，激发学生的学习兴趣。教师可以采用多种方法来激发学生的学习兴趣和好奇心。

第四，采用探讨合作调查的教学模式。讨论和协作探究是新大纲提倡的教学方法之一，在课堂中，学生可以根据课堂环境分为多个小组，分享学习经验或讨论对所学知识的困惑。如果没有得到满意的答案，下课后，小组成员可以再进行探究式学习，多方收集信息，然后进行小组讨论学习。这样的良性循环，既能激发学生的学习热情和好奇心，又能促进学生的团队精神、探索精神和创新精神。

2.小学教师在教育教学行为上要有所转变

教师在施教过程中所采用的教学行为方式是教师角色是否顺利转变的一个重要体现。

（1）促进传统的教育教学行为方式的转变。新课程改革强调"注重学生的全面发展"和"因材施教"。每个学生都是有个性的个体，个体之间存在一定的差异，因此，在新课改的指导下，要尽量选择适合学生个体差异的教学方法。

"教与学结合""合作学习"的"讲授与合作、探究相结合"的教学模式更加人性化地贴合学生个体差异的特点，无形中培养了学生的团队精神和创新精神。目前，很多教师在教学过程中仍经常采用"讲授式"的教学方式，为适应新一轮小学课程改革的要求，小学教师的教学方式必然会发生变化。"讲授式"的教学方式简单：教师教、学生学、单向传递、无互动、无反馈，这种单向的"填鸭式"学习已经不能满足新课程的要求。

（2）现代教育教学形式的运用。时代不断发展进步，信息技术发展迅猛，教育教学的形式越来越多样化。现在的教室里可以看到各种多媒体工具。多媒体在教育教学中发挥着越来越重要的作用，它可以有效地吸引学生的注意力，给课堂教学带来更多的乐趣。在课堂中，教师可以利用各种多媒体辅助教学，在课堂上为学生营造学习氛围。

（3）小学教师应提升课前的备课能力。备课能力是教师必备的基本技能，而好的备课教案是一堂精彩课程的起点。具备良好的备课能力是优秀教师实践能力的体现。因此，在备课过程中，教师要根据课程的内容和学生的特点，设计课程内容，做好课堂设计。丰富多彩的课程内容可以吸引学生，激发他们的学习兴趣，也可以在新课开始前要求学生提前预习，收集相关资料，丰富本课的课程内容。

3. 小学教师需要提高自身综合素质

教师角色的转变需要教师具备相应的专业能力和专业素质。小学教师应以积极的态度面对教育发展的新态势，通过学习研究新课程改革的相关内容，发现自身不足，不断完善自我，增强自身在新课改过程中的能动作用。教师自身综合素质的好坏，是决定新课程改革发展前景的关键环节。只有不断地增加知识储备，拓宽专业知识范围，系统地阅读大量相关书籍和文献，才能提高教师的素质。总之，通过学习和发展，教师应该成为知识素养高、知识结构多样、文化品位高雅、教学方法先进的高素质教师。

（1）小学教师要构建扎实的知识结构。为适应与时俱进的发展进程，课程的内容也在不断更新，这就需要教师通过各种渠道不断学习，及时更新优化自己的知识结构。这种结构不再局限于传统的"学科知识＋教育学知识"模式，而是强调要有"多层次知识结构"的结构特征。教师只有通过多层次知识结构学习，才能从根本上适应教育不断深入发展变化的要求，才能更灵活地把握教育教学规律，从而提高教育活动的质量和效率。

（2）小学教师要培养科研热情。小学教学工作烦琐，但在拥有了适当的知识储备后，教师加强科研意识，不断提高科研积极性就显得尤为重要。在科研的过程中，教师可以发现自己的不足，不断地检查和填补空白，完善自己。经过不断的探索和发现，小学教师对学科的认识又上了一个新台阶，思想也得到了提高。小学教师可以根据学校和班级的特点编写不同的校本教材，也可以根据班级学生的特点创新教学方法，为教育教学的有效发展创造条件。

（3）小学教师要培养合作意识。协作是现代社会强调提高工作效率的一种方法。面对教育教学的艰巨任务，单靠小学教师自己是难以做好的，只有通过众多教师的共同努力，才能做好。这就要求我们小学教师在教育教学过程中不断培养合作意识，在日常工作中加强教师之间的沟通交流，形成默契，创造有利的合作条件。

（二）学校应给予小学教师多方支持

学校是教师组织开展教育教学活动的场所。学校要在各方面创造良好的条件，让师生在优质的环境中开展教学活动。

1.完善小学教师培训和专业发展机制

小学教师是基础教育工作的实施者，也是实施新课程改革标准的践行者。因此，为使小学教师能够很好地贯彻这一教育改革标准，学校必须开展小学教师的培训工作。培训工作的顺利开展对提高教师实施新课程改革的意识具有重要作用。

（1）教师培训和进修措施的实施。学校作为培训活动的承办方，应根据全校小学教师的实际情况，开展丰富多彩的教育培训活动。通过举办知识讲座或语言能力竞赛，可以激发教师学习新课改标准的兴奋和热情。

（2）定期进行教育培训评估。学校可根据教育部制定的评价标准，结合学校实际办学情况，定期开展教师培训评价活动，对表现优秀的小学教师给予嘉奖。对表现不佳的教师给予精神上的慰藉。

2.创建个性化的评价标准

学校在制定评价标准时，应根据教育部有关评价规则，制定适合小学教师实际情况的评价标准。新课改是一项大型社会系统工程，一套考核标准的建立，将大大减轻教师在改革过程中面临的巨大心理压力，有助于教师在参与课改时正确定位自己，勇于克服困难。

（1）优化教学绩效评价标准。学校在教育部制定的评价标准指导下，结合小学教师的特点，对小学教师的日常教学活动进行评价。学校可从教师备课、课堂教学过程和课后教学反思三个阶段对小学教师的教学工作进行评价，对获得积极评价的小学教师及时进行积极的表扬，树立教学典型。

（2）注重小学教师技能综合评价

学校不仅要优化教学工作评价，更要重视对小学教师综合能力的评价。在提高教师自身素质方面，可以通过小学教师发表科研论文的数量和质量来客观评价。在小学教师教学组织过程中，积极创新课堂教学方法的教师应该得到积极的肯定。在学生指导方面，小学教师可以通过良好的指导，加强与学生家长的沟通和联系，促进学生科学健康地学习和成长。

3.创造良好的工作环境

在推进新课程改革中，学校应采取多种措施，减轻和缓解小学教师的心理压力，营造良好氛围和和谐融洽的工作环境。

（1）加强校园基础设施建设。校园基础设施的不断完善，旨在为师生营造良好的教学和学习环境。一所基础设施完备的学校，可以为开展形式多样的教学活动提供坚实的物质保障。学校可以加大对教学工具的投入，让更多的小学教师和学生享受教育现代化的成果；同时加大对体育设施的投入，不仅可以让学生健康成长，同时让小学教师不仅能教好，还能锻炼出强壮的身体。

（2）加强校园精神文化建设。校园的精神文化是学校的灵魂。严谨扎实的教风，勤奋刻苦的学风，统一向上的教风，健康活泼的校风，都能够促进师生的共同成长。优质校园精神文化为建设和谐校园提供了强有力的思想保障。对此，学校可以不定期地为师生开展丰富多彩的活动，如做好校园精神文化建设。

（三）国家对小学教师角色转变的支持

百年蓝图始于教育，体现了教育对一个国家的重要性。国家的宏观政策和微观指导，是学校办学、教师教学、学生学习的重要风向标。因此，国家在设计宏观政策和微观指导时，要因地制宜，因为只有这样，新课程改革才能被更好地贯彻落实。

1.国家制定和完善教育评价标准

教育评价标准是新课程改革过程中检验教师角色转变的试金石，它可以衡量教师角色转变的实际情况。

（1）建立教育评价标准。国家在设计各个教育制度时，要充分考虑地区之间存在差异，充分考虑各种因素。在做好科学的调研工作后，应根据当地具体情况，制定符合国情的评价标准。一个好的评价标准是一个准确的衡量尺度，可以为不同地方、不同学校的教师定位、调整和提高提供良好的蓝本。

（2）教育评价标准的执行情况。教育评价标准的出台，为不同地区的学校制定个性化评价标准提供了指导。各地区和各学校制定适合当地学校的评价标准后，即可对小学教师进行综合评价。在科学客观的评价标准的衡量下，小学教师应当充分认识自身优势和存在的不足，及时检查和补缺，促进个体全面健康发展。

2.加大新课改宣传力度

为落实新课改要求，需要多方合作开展教育宣传工作，让小学教师充分认识到新课改对教师角色转变的重要性。

（1）各地教育部门加强教育宣传。新课改的宣传要由各地教育部门牵头。各学校根据学校运营的实际情况进行不定期的宣传和教育，加深小学教师对新课程改革的认识，让小学教师从心底了解新课程改革，自觉学习新课改的内容，践行新课改的要求。

（2）多渠道进行宣传。宣传渠道的多样性，可以给宣传工作提供更多的选择。通过多种形式的宣传，让小学教师能够将新课程改革的相关内容内化为自己教书育人的动力。

3.加大对教育的财政投入

在推动教师角色转变方面，国家一方面要投资建设学校基础设施，为小学教师创造良好的教学环境；另一方面要为优秀的小学教师提供一定的物质和精神奖励，有利于调动教师的积极性，加快角色转换。这些都要求国家加大对教育的财政投入。

（1）加大对基础教育设施的财政投入。现代教育设施的建立可以提高课堂教学效率，也为转变教学行为和教学方式提供有力的物质保障。因此，在这方面，国家有义务加大资金投入，为小学教师角色转变创造有利条件。

（2）建立物质激励和精神激励机制。小学优秀教师代表被授予"先进教育工作者"，"先进教育工作者"除了精神上的嘉奖外，还可以给予一定的物质奖励。国家教育部门可协调财政部门设立小学优秀教师表彰专项奖励基金，专项奖励基金旨在激发教师角色转变的积极性，加快教师角色转变，提高教师素质。

第五节　培训需求

一、基于互联网的小学教师培训模式

在"互联网＋"背景下，小学教师的培训模式必定要随着时代发展发生变化，这不仅有利于提高教师的专业能力，更有利于教师自我建构的形成，使得整个教育界形成终身学习的氛围。

（一）"互联网＋"对小学教师培训的意义

1. 现实意义

通过这种"互联网＋"方式进行培训，既可以消除受训教师在集中面授培训过程中，需要刻意地从教师转变为学习者的尴尬，也可以解决受训教师在工作时间和学习时间上的矛盾，不耽误培训，不打乱日常工作节奏。让不同需求的小学教师得到相应的培训，不再像以前那样简单机械地划分。通过这种"互联网＋"方式参加培训，培训教师不必在路程上花费大量时间和精力，足不出户就可以完成培训。而且由于互联网的便利性，他们可以直接与专家通过平台进行分析、讨论和交换意见。"互联网＋"推动了整个小学教师培训的优化，只要接入互联网，就可以开展培训，即使是偏远山区的教师也可以享受培训指导。这种形式简化了传统模式下的小学教师培训，节省了大量的人力、物力和财力。

2. 长期意义

随着全球进入大数据时代，人们的生活方式不再局限于面对面的交流，小学教师培训也是如此。例如，一位老教授可以将自己的一些见解和技巧记录下来并保存在一个视频中，几年后，还可以观看电脑屏幕上生动的演讲，这种学习方式比阅读教科书要生动、有趣得多。

（二）基于"互联网＋"的小学教师培训模式特点

1. "互联网＋"集中面授培训模式特点

捕捉专门院校教师的课堂或专业培训机构培训教师的课堂，对其进行编辑和设计，以在线课程的形式在专门的平台上发布。教师可以自主选择需要的、合适的课程进行学习。在平台上与选择相同课程的学习者进行讨论和交流。在线平台可以记录学习进度，可在课堂中停顿插入提问，只有在回答完问题后，学习者才能继续学习。经过一个学习阶段后，学习者可以参加考试，只有通过考试才能完成培训。

此种培训模式以网络资源为平台，节省培训成本，显著提高培训效率，而评价机制是教师培训效果的保证。但是，这种方法无疑加剧了教师的懒惰，不能保证培训时间的集中，不能保证教师全程保持良好的培训状态。

2."互联网 + "参与式培训模式特点

受过培训的教师可以将自己的课堂录制后，发送到一个专门的平台，并邀请在该领域有研究和经验的专家教授到这个平台。他们会审核每个视频的内容，分析优劣，专业点评，然后反馈给受过培训的教师。受训教师不定期发送教学实践视频，专家教授可以在平台上进行分析和点评，帮助教师有针对性地提高教育教学技能。这种培训模式打破了时间和空间的界限，方便了培训师和学员之间的联系。

总之，基于"互联网 + "的小学教师培养模式，是信息时代的又一产物。利用互联网，我们可以整合国内外大量的线上线下培训资源，提高教师培训的效率与效果。

3."互联网 + "培训模式的特征

（1）打破时间和空间的限制，避免技术冲突。"互联网 + "培训模式的最大优势是时间和空间不受限制。即使是直播课程，学员无法在固定的上课时间进入课堂，仍然可以随时回放课程内容，进行学习。这种随时随地都可以学习的方式，改变了以往因时间和地点限制而无法及时学习的局面，避免了部分教师因教学任务繁重，而无法参与培训课程的情况。灵活的上课时间意味着学习不局限于课堂，让培训师可以充分利用空闲时间进行专业发展。

（2）节省培训成本，提高培训效益。"互联网 + "的培训模式改变了传统的集中教学方式，节省了时间和金钱。很多偏远地区的小学教师往往因为培训成本高而无法参与培训，这不仅是对教育资源的浪费，也是对自身潜力的浪费。"互联网 + "的培训模式，既减轻了学校和教师的负担，又激发了他们的潜能。

（3）实现资源共享，缓解教育资源不平衡。"互联网 + "教育培训模式保证了培训视频资源可以无限次播放，只要有网络环境，就可以反复听专家讲课，无限学习。这种培训模式不仅解决了偏远地区自身教学能力不足，小学专业师资匮乏，无法提高整体教育水平的问题，同时实现了整个地区的教育相对平等。同时，可以无限重复播放的模式，也让共享培训资源扩大了收看的范围，让更多的小学教师加入教师培训。

可见，在培训小学教师的过程中，需要创新培训方式，丰富培训内容，满足小学教师的个性化需求，帮助他们实现自身的专业发展。

二、"互联网＋"背景下小学教师教育模式探索

随着互联网技术的飞速发展，我们进入了"互联网＋"时代。在这个时代，借助互联网技术，人们将不可能变为可能，拉近了人与人之间的距离，改变了人们传统的思维模式。"互联网＋"深入到各行各业，在小学教师培训模式中也占有一席之地，发挥了重要作用。

（一）探索"互联网＋"背景下小学教师培训模式

"互联网＋"的小学教师培训模式有其自身的特点，但在其发展中也有相应的缺点。一是反馈不足。接受培训的人在家可学习，但培训者没有办法对培训效果进行监测，特别是对小学教师而言，是否将学习到的理论应用到实践教学中，是否真正理解了教育的方法，没有后续的监测使得远程教学效果不尽理想。二是学习氛围差。在远程培训中，人们都是各自分散地学习，培训者无法看到学习者的学习情况，学习者之间也没法看到彼此的学习状态，学习氛围不高，很容易因外界的干扰而影响学习效果。这些缺点都要求在互联网与小学教师培训的结合过程中，不断更新培训理念，转变培训方式，实现互联网培训效率最大化。

（二）"互联网＋"背景下小学教师培养模式的战略思考

由于"互联网＋"的小学教师培训模式有其自身独特的特点，以及一定的弊端，管理者必须特别注意以下几点。

1.关注课程内容

小学教师独特的身心发展模式要求他们在网络培训过程中把握课程

内容理论与实践衔接的可行性。小学教师本身也有教育心理学的相关知识，作为一线教师，虽然对学生有一定的了解，但接触到的新的教学理念可能并不多。这就要求在网络培训中，着重课程理论的讲解，同时保证课程理论与实际的联系，避免因机器作为中介而无法对实际操作进行模拟产生不理解的情况。同时，要帮助小学教师进行理论的建构，提高他们的自主探究能力。

2. 加强沟通互动

"互联网+"培训模式以电脑、手机等网络设备为中介，虽然培训师与学员可以通过视频或语音进行交流，但这样的教学无法实现直接面对面的交流。小学教师的自主学习性要求在培训模式构建中必须注意教师之间的相互交流，通过经验交流和共同讨论，强化认知模式，构建新理论体系。

3. 实施监测反馈

教育心理学一再强调强化学习的重要性。在互联网培训中，培训师更加关注过程，而忽略了对学习成果的监控和强化。在一些网络课程中，有的设置课后作业，要求学员做作业，然后监控学习效果。但是，在小学教师教育中，教学的实际要求是必须保证教师能够将所学的理论应用到具体的教学场景培训中，这就需要现有的教学模式来保证教、学、用的统一，才能实施有效的监测。

4. 丰富"互联网+"文化

"互联网+"是一个新名词，很多保守人士对此表示怀疑，质疑"互联网+"小学教师教育培训模式的可行性和市场价值。这就需要我们在宣传推广过程中把这个名词解释清楚，做到简洁明了，让包括从未接触过互联网的人在内的任何人都会用，让人乐于去用，体会其方便快捷。让别人知道这只是一种媒介、一种手段，最终目的是方便我们的教学和人才发展。

第四章　小学教师专业发展路径

第一节　自我唤醒发展路径

与其他教师专业发展途径相比，自我唤醒发展路径具有打破本土主流文化的特点。因此，教师容易体验到教师专业发展的幸福感，具有唤醒教师专业发展的优势。

一、自我唤醒发展的意义

与其他策略相比，自我唤醒发展策略在促进教师专业发展方面更具内生性、隐喻性和多价值性。由于自我唤醒发展策略是人文教育的一部分，因此应避免"灌输""强制"或"绝对化"。

教师的自我意识是教学行为的先导。教师自我唤醒发展策略对教师专业发展具有主导作用，是教师专业发展的内在动力。

传统的教师发展观更注重外在的力量影响教师发展，如各种教师发展讲座，很少注重开发教师的内在潜能和唤醒教师的自我发展意识。外部培训的力量是真实的，它们是有用的，但不能完全取代教师的自我唤醒，这种自主性来自教师的内驱力。教师的角色由"他我"和"自我"两部分组成。前者是强调教师的外在价值，是教师的社会身份，后者是教师的内在自我主体价值。只有教师处于"自我"状态，他们的行为、情绪才能与自我形象相一致。自我形象是建立所有人类个性和行为的前提、基础。因此，教师自我唤醒发展就显得尤为重要，它是一股教师发自内心的力量源泉，促进了教师自身的可持续发展。

二、唤醒了教师专业发展的幸福感

教师自我唤醒发展策略，旨在使教师专业进一步发展，教师能够专业和独立地进行教育和生活，不是依靠教育作为生活的一种必要途径，而是真正地为教育而生存，并将教育视为一种值得一生追随和信任的职业。

教师自我唤醒发展后，我们看到了更多的探究型教师、实践型教师、成长型教师，甚至是专家型教师出现。教师不仅是理论的接纳者，也是理论的建设者。自我唤醒发展策略的有效实施，促进教师激情飞扬，智慧闪耀，为教育实践活动赋予专业色彩，同时享受做教育的人的快乐与光荣。

（一）在奋斗中感受幸福

教师专业发展的道路从来不是一帆风顺的，这个过程需要教师不断地前进和奋斗。在这个过程中，老师会倾注全部的心血与爱，全力以赴，全身心地投入其中，有失落、有期待、有辛酸、有甜蜜、有失败、有成功……教师会记住自己的教学中得出的经验与教训，回忆为了公开课反复练习，回忆学生回馈给他们的教学效果，回忆班上同学的掌声，等等。教师选择了教书，当学生与家人发生冲突时，许多教师会选择学生，一切为了他们心中永恒的追求、努力、奋斗，这就是老师的幸福。只有奋斗过、经历过的老师，才能感受到其中的快乐。这种幸福来自与学生一起成长，来自勤奋和努力。

（二）在收获中品味幸福

看到自己桃李满天下，那是老师最快乐的时光。想想教师所从事的职业，以及学生给教师带来了多少快乐与激情。在教学中，教师获得了学生带来的挑战，每一个学生都是具有差异性的，因此，这就要求教师更有智慧地因材施教。教师在学习中，感受到学生不断地成长，教师也会从学生成长的过程中获得更多乐趣。在生活中，老师感受学生的活泼和积极，学生的世界里还有更多美好。再想一想，当学生在老师的呵护下健康快乐地成长，当成群结队的学生成为人才和社会栋梁，为祖国做出自己的贡献时，老师的幸福就随之产生了。一份事业，带来一生的幸福，这种幸福感，只有老师才能尝到。

（三）在展望中珍藏幸福

教师发展必须与时俱进。当教师的专业发展达到一定水平时，教师必须重新放眼未来，与时代同频共振，更新教育理念，改善教学方式与方法，与新时代的孩子们一起走新时代的道路。届时，心中所珍藏的幸福，将进一步激励教师继续为天底下最崇高的职业而追求、奋斗，创造教师一生的幸福。

三、自我唤醒的实施策略

（一）制度唤醒——唤醒教师的主体意识

什么是教师专业发展的基本保障？应该是必要的教师专业化发展制度。想要实现教师专业发展，除了为教师营造轻松的成长与发展的氛围、立足教师内在觉醒外，还需要完善增强教师自律意识和学习意识的体制机制，即教师的专业觉悟。通过相应的制度，唤醒教师在贯彻制度的同时，引导教师克服生活中因工作而导致的倦怠，认识到现在的教师专业发展内在的乐趣和价值。以往依靠"自我唤醒"个别教师的制度，并未把握唤醒的根本所在。必须立足中国国情，本着"团体动力原理学"的原则，建立有效的教师专业化发展长效机制，即生态自我觉醒策略。宋代学者叶适提出的"内外交相成"的方法论，即通过感官与思维的共同作用来获得对事物的认识。时至今日也未落实，因此，需要我们进一步研究，继承与发展该方法论。

1. 规范性制度增强教师的自制力

制度之所以能被人们认可，是因为它帮助教师突破自我，成为优秀的人，同时规范性的制度能起到约束和规范教师言行的作用。每一位教师从任职第一个教育教学岗位开始，心中就萌生出做一名好教师的理想，而规范性的制度是让理想生根发芽、开花结果的有效保障。在实践中，教师专业得以长期发展的作用机制如下。

（1）学习制度。教师作为教学过程中最重要的部分，其存在的重要性不仅是作为知识的传递者，更是知识的建设者和创造者，甚至可以说是教育理想的实现者。这就要求教师不断更新知识，充实自己，以实现教师专业发展。

可以以体系形式建立教师学习体系，引导每一位教师在繁忙的教育教学工作之余，用书籍充实自己，学校定期对教师的阅读评价体系开展审核、评价和交流活动。老师要在制度的约束下学习，在阅读相关的教育学的书籍之后，书自然会为他们打开一扇窗，让他们在智慧的领域里培育、拓展、升华自己的情感，从而唤醒他们的幸福和快乐，并且可以从内心深处激起他们对理想的追求，最初的强迫也会逐渐转换成为教师自觉的习惯。这就是学习制度的美妙之处，从"要我学"转变为"我要学"。

（2）听课、评课制度。听课和评课是作为教育的领导者，实施有效教学指导的一项重要活动，同时是教师之间相互学习、共同提高的一个重要途径，听课、评课制度是改进教学的重要载体。

新课程改革实施过程中，教育相关部门可以根据新课改要求，逐步改革完善听课、评课制度体系，明确听课次数、听课要求和听课评价要求，为教师开展练课、磨课研究提供方向。通过定期的诊断和评价教学，可以有效地促进教师相互学习，促进课堂教学的优化。

（3）校本研修制度。始终坚持以人为本，将严格的规章制度与浓厚的人文氛围有机地结合起来，唤醒教师的职业意识，使相关的制度既能起到约束人的作用，又能解放人。以校本研修为例，为了实现学校的高水平管理，学校制定了多项制度、规则和要求。例如，按照制度，学校老师需要每学期初制订具体的工作计划，每年制订小项目研究计划、专题研讨活动方案等，学期末对老师进行考核表彰，表扬教师相较过去有所进步，鼓励暂时落后的教师不断地成长与前进，起到有效促进教师专业成长与发展的作用。激励的氛围让所有老师都积极向上。在制度的实施过程中，教师自身也得到了成长，能够轻松自如地工作，让教师感受到了教师职业的快乐。

（4）帮带制度。制度表面上似乎是由一些生硬、刻板的规则和条款组成，但在规则和条款的背后，隐藏着制度制定者对每一位老师的关爱。

学校致力于打造教师之间相互交流、学习合作、经验交流的良好教师发展氛围。在这样的氛围下，完善教师帮带制度。不仅让骨干教师成为主角，更让每位教师都有机会成为教师系统的中坚力量。老教师经验丰富，将班级管理的经验传授给年轻教师；青年教师精力充沛，接受新事物快，及时帮助老教师掌握现代教学技术；名师、骨干教师专业能力强，帮助普通教师提升专业能力。教师帮带制度明确导师和学徒各自的义务，强调双方的互动、合作和进步，创建教师帮带档案。通过这样多姿多彩的教师帮带制度，每位教师将发挥自己的特长，找到自己在教学中的定位，从而提高教学主体意识，促进其与素质教育、高效课堂共同发展和成长。

除了以上对教师专业发展起主导作用的制度外，还有一些起隐性作用的制度，如考勤制度、签到制度、奖惩制度等，使教师能够严格工作，提高自制力，增强使命意识，提高工作质量。

2.发展性评价制度唤醒教师的向上之心

教师的专业发展不仅是教育系统和社会的要求，也是教师自身的发展要求。如何让教师将专业发展视为自身发展的必然，离不开教师评价体系的建立、完善与实施。

发展性教师评价是一个开放、双向的教师评价过程，建立在评价双方相互信任的基础上，渗透着和谐的氛围，具有导向性和激励性。在教学管理中关注教师主体和教师发展评价，发展性教师评价将有效促进教师的自我完善和积极发展，极大地激发教师的工作热情和创造力，更加关注学生群体，促进学生的全面和谐发展。通过这样的有效评价，提高教学质量，学校、教师和学生真正地实现了共同发展。

（1）建构教师发展性评价目标。在教师专业发展的道路上，选择用积极向上的目标来引导教师的价值观追求，让教师不仅了解"我"应该去哪里，"我"应该做什么，"我"应该怎么做，而且让每位教师理性思考自己的教学情况，找到自己专业发展的切入点，培养教师的自我施压、自我提升和自我发展。制定并实施教师发展考核目标，要求青年教师"一年入门、二年过关、三年达标"，成为合格教师。

（2）评价手段、方法的多元化。《基础教育课程改革纲要（试行）》要求建立促进教师持续改进的评价体系。强调教师对自身教学行为的分析和反思，建立以教师自我评价为主，学校领导、教师、学生和家长共同参与的评价体系，即自我评价、同伴评价、学生评价、家长评价、学校评价和"档案袋"评价，使教师能够从多渠道接收信息，促进自身可持续发展，不断提高教学水平。教师发展评价体系的建立，将激发教师的志向，促进教师的可持续发展，使学校拥有一支师德高尚、教学技能过硬的专业教师队伍。

3. 预留自主空间为唤醒教师提供保障

无论是教师的专业发展学习和教学研究都需要时间，教师必须有足够的空闲时间。然而，当前中小学教育普遍呈现出紧张的工作节奏，并没有给教师留出足够的时间去学习和与其他教师交流。教师在教育教学中缺乏自主意识，教师的职业专业性受到质疑。直接的后果是教师的职业信念缺失，教师缺乏对社会责任和义务的认识，可能的后果是教师职业化发展流于形式。因此，要给中小学教师留出更多的时间和空间，为丰富教师的精神生活创造条件，使他们不把宝贵的精力和时间浪费在琐碎无用的事情上，让教师努力工作并且有充足的时间实现教师的自我唤醒。紧张的教育教学活动阻碍了教师的创造力，给教师预留空闲时间对于丰富他们的精神世界至关重要，就像空气对于健康一样重要。

"没有规矩不成方圆"，没有制度的约束，人们的行为得不到有效规范，工作变得无序，在无序的状态下教师会失去前进与发展的激情和意志。从表面上看，制度是一种强制的代表，比道德和文化价值观更强大，而且非常冷酷。事实上，它所施加的限制是一个更高的道德境界，这种限制有利于自己、他人和集体，不仅可以促进专业发展目标的实现，提高效率和绩效，更重要的是，好的成果可以有效地维持下去。

（二）理念唤醒——唤醒教师的创新意识

教育的最终目的不是传授或采用任何外在的、具体的知识和技能，而是从一个人的生命深处唤醒沉睡的自我意识和生命意识，唤醒一个人的价值观、人生态度和创造力。教育的目的是实现自己人生目标和有意识地建构自己的人生。实践表明，有效的教师发展模式，不仅是将教师从外界环境中解放出来，更唤醒了教师的人格和内在精神，解放教师的内在创造力。管理者负责创造一个适当的环境，将新进的教育理念传递给教师，教师通过自我觉醒转化为教学实践。

1.办学理念引领，唤醒使命感

教师的教学水平至关重要，直接关系到青少年的健康成长。因此，在培养具有良好综合素质的学生之前，教师首先必须成为具有良好教学道德、使命感和责任感的人。

一所学校的办学理念，是学校师生的共同价值观的体现。这种共同的价值观源于师生公认的行为准则，是一种无形的、动态的精神财富。有人说，办学理念是一所学校的灵魂，是一所学校从胜利走向更大胜利的根源性力量，是一所学校所向披靡的法宝。一旦一所学校有着全校师生认可的办学理念，这种理念足以唤醒教职工的使命感和责任感，促使他们主动以百倍的热情投身于学校工作，成为贯彻落实学校办学理念的排头兵。第一，学校必须引导教师了解学校的办学理念、学校的办学宗旨、学校的治校目标、学校的治校方略（校训、校风、校规、校歌）。引导教师把握新课程改革方向，增强责任心，把全校师生发展成为志同道合的团队，形成一股坚不可摧的凝聚力。第二，让教育工作者认识到"想发展、能发展、会发展"是师生教育发展的共同理念。有了明确的方向，就有了努力的动力和行动的方向。教师会在内心深处产生一种情感——爱教育、爱学校、爱学生，进而对自己的工作产生热爱和奉献精神。

2.教育理念唤醒，激发创造力

时代呼唤教学创新，教育呼唤深思熟虑、不断进步的教师。只有用先进的教学理念培养教师，才能真正学会把握素质教育的真谛。

面对新课程教育教学改革，很多教师感到困惑迷茫，站在教学的十字路口，不知何去何从。教育理念及时出现，为老师提供思路，就像黑夜里的一盏明灯，为他们照亮前进的方向。教育理念向教师伸出援手，教育部门率先牵头，提供场所和机会，教师通过互动分享新课改课堂上遇到的困惑和存在的问题，共同探讨，同时邀请专家指导教师系统地解读新课改，指出课堂上存在哪些问题，应该作为新课程改革的一部分。教师一起学习新课改，提出自己教学过程中遇到的困惑，其他教师及时出谋划策，帮助教师解决问题。这样一来，老师就不再感到困惑与迷茫。

将教学理念转化为教师日常培训教学的需要，教师必然会认识教学理念，将教学理念引入教学实践，教师的课堂也将逐步实现学习目标准确、课堂评价有效、课堂流程简洁。

我们的老师，在为别人点蜡烛的同时，也应该有自己的发展。教师始终要树立终身学习、终身思考、终身研究的理念，顺应教育发展的潮流。如若只讲"奉献"，不考虑教师的可持续的专业发展，对于教师而言是没有后劲的。教育理念的唤醒的基本目的是让教师进行创造性的工作，积极塑造课堂。管理者要发挥管理者的智慧，为教师专业发展创造更高的起点和平台，让教师"更上一层楼"。例如，为了提高各学校每学期必须开设的校内研究课程的质量，在原有基础上实现飞跃，学校可

78

以邀请教学研究人员和教学专家进行指导，教师的课程在打磨后，教师的课堂教学水平会有较大的提高，越来越多的老师会愿意走出学校，表现自我。教师也将以感受教育教学的力量、乐趣和幸福为中心，增强对教师职业的归属感。

教学理念的唤醒本质是唤醒教师沉睡的研究意识，增强教师的自我意识，使教师实现一种人生升华。最典型的是建立"校本"和"教师本位"为一体的"校本课程开发"机制，要求每一位教师都能研究、敢于创建校本课程，教师可以研究校本课程开发，在提高研究水平的实践中，激发自己的无限潜力。从这个角度来看，教育理念的唤醒可以让教师明确自己所处的世界，真正了解自己的现状、人生历程和未来的使命，让教师成为真正自信、充满生活希望的人。

（三）活动唤醒——唤醒教师的参与意识

每个老师都在努力提升自我，以期望最终取得成功。各种活动为教师提供获得成功的机会，帮助教师摆脱"职业倦怠"的束缚，重拾活力，点燃学习之火，点燃科研之火，点燃创新之火，开启教育新天地。

1. 文体活动激发教师工作热情

跳绳、接力赛、演讲等丰富多彩的文体活动，让教师从辛勤劳动中解放出来，体验教育生活的乐趣，消除职业倦怠。结合节日，可以举办形式多样的文娱比赛，让教师在紧张、辛苦的工作之余享受娱乐的快乐。其中，教师节的庆祝活动，可以大张旗鼓地用来鼓励全体教师重新思考教师职业的意义，增强教师的责任感和幸福感。

丰富多彩、健康的文体活动将极大地丰富教职工的文化生活，缓解教师繁重的工作压力，让他们以饱满的热情享受生活和工作，也极大地增强了学校的凝聚力。

2. 唤醒教师参与意识的教育教学活动

形式多样的教育教学活动，为教师的才艺展示营造了丰富多彩的舞台，让老师亲自尝试、体验自我实现的喜悦。学校应本着务实高效的原则，开展教研沙龙、讲座、研讨、案例探究等教研活动，及时反馈和评价。观摩课、示范课、送课下乡等教学活动，可以满足教师的自尊心，点燃他们的信心和激情。竞赛和评价始终满足不同层次的教师实现自我价值的需要，给予他们可持续发展的动力。

学校要从真实的教研活动入手，以活动为载体，促进教师专业发展，在真实活动中培养教师，激发教师的参与意识，提高教师在活动中的专业素养。

（四）榜样唤醒——唤醒教师的价值意识

以身作则，意味着管理者利用他人的高尚思想、模范行为和优秀教师来影响其他教师，培养其他教师成为具有高尚品德和专业技能的优秀教师。

在人们的内心深处，有一种见仁见智、相互学习的愿望，所以榜样具有彰显和扩大优秀影响范围的作用。榜样的以身作则，可以唤醒其他教师的内在需求，为其他教师赋能，调动其他教师求学上进的积极性，促进教师思想文化和业务素质的进一步提高，实现教育教学工作有序开展，全校师生面貌焕然一新，同时能有效促进整体教学质量的提高。

榜样唤醒作用想要最大化的前提就是，榜样事迹必须真实可信。每个所谓的榜样其实都是属于社会集体中的一员，不可能完美无缺。因此，在宣传榜样事迹时，不能人为地夸大、虚假化，不能创造出一些不食人间烟火、没有感情的高大全的人物，必须客观、全面、真实地刻画这些榜样教师的整个成长过程，体现他们真正高尚的思想品德。只有这样，才能给全体教师提供一个更客观的说服范例。

榜样唤醒了教师"见贤思齐焉"的心态，教育管理者需要帮助教师深入把握榜样的思想、言行及其社会意义和价值。加深教师对榜样的认识，从而达到自我教育、自我提升的作用。对获得各种荣誉学位的教师，学校要举行颁奖典礼予以表彰，并以条幅、展板、简报、广播等形式大力宣传他们的杰出成就，营造良好的舆论氛围，激发教师对榜样的敬仰。只有让教师对自己学习的榜样在内心深处惊叹、佩服、尊敬，才能将外在的学习真正转化为内心的榜样。

同样，可以用小学教师身边的事情来教育身边的人，让老师从身边的典型例子中学习。注重发挥身边教师的典型影响力、亲和力和魅力，给予其他教师积极引导、热心帮助和大力支持，让他们健康成熟地成长，形成全体师生向榜样学习，共同追赶、共同进步的良好氛围。

通过实施教师分级教育和名师带头工程，建立科学的评价和激励机制，鼓励教师沿着"合格教师→好教师→优秀教师→专业教师"的道路发展，鼓励教师走上不断奋斗、不断成功的道路。在学校营造"人人追求向上"的良好氛围。不仅让老师看到自己的工作表现，体验成功的喜悦，也让老师看到同龄人的发展进步，鼓励所有的教师不断超越昨天的自己，超越身边的榜样，保持学习的动力和对专业发展的渴望。

（五）情感唤醒——唤醒教师的生命意识

学校不仅是"掌管教室大门"的地方，也是"管理心中大门"的地方。随着教师培训力度的加大，讨论的焦点已经从教师培训的外部控制和影响转向学科意识和教师自身的能动性的唤醒。教师情绪在教师工作和专业发展中的重要作用，越来越受到重视，成为探讨教师专业发展的新角度。

学校管理需要制度，也需要情感。这种情感力量是一种内在的自律因素，就像一只"看不见的手"，可以深入人的内心世界，有效地规范和引导教职工的行为。因此，实施科学合理的情感唤醒，可以增强学校的向心力和凝聚力，对学校的管理和发展极为有利。

1.尊重让教师体验成功

心理学中曾有这样的表达，人只有发自内心的愿意，才能使个人发挥自身的最大才能，否则大多只能懵懂度日。教师代表着一个特殊的职业群体，有别于其他职业，教师作为知识分子，更注重对人格的尊重和对精神价值的追求。

教师常常在白天无法在学校完成上课、备课、批改作业等多项工作，因此有部分教师必须将这些白天不能完成的工作，晚上带回家完成。同时，教师的工作是一项艰巨而复杂的创造性智力工作。

当这些工作的特质被忽视，教师甚至被视为公司流水线上的工人时，不可避免地会产生厌恶、抵制和创造的热情低下等负面情绪。只有不断有效地增强教师的主人翁意识，逐步提高和尊重教师地位，才能真正调动全体教师的教学积极性。

尊重教师表现在实施积极的情绪管理，淡化和模糊学校中管理者和被管理者的层次观念，树立人人平等的观念，树立教育管理者服务群众的意识。教育教学管理者处处以身作则，保持内外一致，尊重和平等对待教师，利用一切机会和条件与一线教师交流，了解教师的物质和精神需求，征求意见。这种强调尊重、平等的人际关系，让教师与学生双方相互尊重，依靠教师之间相互的智力交流和情感认同，才能获得工作和学习的动力，达到事半功倍的效果。

尊重教师还体现在管理者始终相信每一位教师都是优秀的、有能力的、独一无二的、有创造的、有潜力的，在工作中必须尊重教师的个性，鼓励教师的个人发展，相信教师的综合能力，充分发挥教师的长处，并在拓展教师专业知识和教学实践过程中，发掘教师潜能，促进教师发展，激发团队精神，引导教师相互学习。管理者始终鼓励教师相互合作，让每位教师都能发挥自己的长处，影响身边的人。教师因此多一点相互欣赏，少一点竞争压力；多一点团队精神，少一点比较误会；多一点人情味，少一点心胸狭窄，让工作氛围更轻松和谐，整体教学工作效果会得到有效提高。

2.关心让教师乐于奉献

管理人员要努力为教职工营造舒适、安全、整洁的工作环境，营造和谐、向上的工作氛围。老师在这里工作，身心舒畅，感受到家的温暖和幸福。这种"人与人"的环境，满足了不同层次教职工的需求和愿望，让每一位教职工畅所欲言，让广大教师融入和谐向上的集体氛围中，减少压力。消除了环境中容易发生冲突、挫折和压力过大的因素，逐渐唤醒教师的专业意识，激发努力工作的热情，促使教师准备并愿意全心投入，积极、自觉地发挥巨大的内在潜力。

对老师的关心还体现在领导层的人文关怀上。校长要关心老师的生活，了解老师的情况，倾听老师的心声，采取平等交流、真诚帮助的方式，让老师体验到教育教学中的情感。当老师感受到了集体的温暖和同事的关心时，这种关怀的行为举止将为所有教职员工注入奉献教育的力量和源泉。在未来的工作中，教师也将更加致力于回馈学校。

"细节决定成败"，对员工的关心也体现在细节中。管理者要对教职工教书育人的成绩和奉献给予及时的肯定和表扬，尽量不让教师变成无名英雄。对于他们的错误和不足，管理者也要耐心批评和开导，给他们足够的"面子"，尽量减少负面的影响。还有物质需求方面，校长应当尽一切努力照顾和帮助他们。关注这些细节，会让教师更加热爱学校和教育，愿意为学校的进步尽自己的一份力，愿意为振兴教育事业贡献一份力量。

如果说制度觉醒是刚性管理，情感觉醒是柔性管理，那么只有刚柔相济，才能挖掘出教育和教师的巨大潜力。

第二节　名师引领与同伴互助发展路径

一、名师引领策略实施目标及原则

（一）名师引领策略实施目标

（1）进一步规范和加强名师建设，坚持教学与实践并重的原则，促进名师培养、提升、管理和使用，促进以教育教学为主体的有效机制，逐步形成专家引导、名师指导、骨干教师带动着全体教师共同发展的格局。

（2）提高高水平名师教育水平，发现和培养一批在全省乃至全国范围内，具有独特成就和影响力的教育教学专家。逐步提高专家学者的数量、质量、综合素质，逐步满足教育改革和发展的需要。

（二）名师引领策略实施原则

名师引领策略的实施主要依照以下六个原则，如图4-1所示。

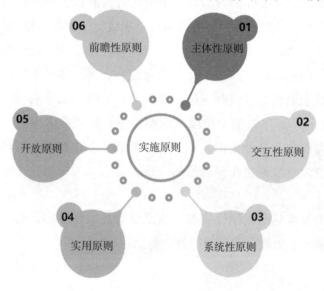

图4-1　名师引领策略的实施六原则

1.主体性原则

教师是教师专业发展促进工程的主要践行者，是教师专业发展最重要的组成部分。实施名师引领战略，坚持以教师为主体，尊重教师的个体差异，不断提高教师专业发展意识，激发教师专业发展的内在动力，鼓励教师激发潜能。

2.交互性原则

名师与名师之间、普通教师与名师之间、普通教师与普通教师之间，相互交流、相互学习、相互帮助、相互促进，达到资源共享、共同进步的目的。

3.系统性原则

培养名师，发挥名师带头作用，是一项以提高教师队伍整体素质为重点的系统工程，需要统筹规划、循序渐进，使名师的组织、管理、培养与奉献相协调。协调推进教学、科研、培训等部门建设，做到各司其职，密切配合。

4.实用原则

名师引领战略研究立足教育教学实践，坚持在实践中学习、在实践中研究、在实践中发展，使实践成为教育教学专家和名师产生的土壤。名师引领和实践落地成为教师专业发展的助推器。

5.开放原则

落实开放、动态、竞争、有序的名师管理机制，定期开展考核评价，确保名师的先进品格，名师必须更好地发挥"带头人"的带头作用。

6.前瞻性原则

在名师培养、管理和使用上，始终保持适度进步和跨越发展，体现时代精神和战略意识，构建具有地方特色的名师培养体系，培养具有时代独特个性的名师。

二、名师引领策略的有效实施

（一）修身立德，率先垂范

"学高为师，身正为范"，不仅仅是一句简单的口号。教师具备高尚的品德和优秀的道德修养是教师教育教学的基础，也是教师专业发展的重要内容。教师专业发展建设的核心是师德建设，为了加强师德建设，提高师德修养，树立师德师风典范，掀起师德师风的倡导和热潮。这需要我们坚持积极引导，示范激励，多渠道、多层次地发展多种形式的师德教育。

优秀教师的师德事迹启发和教育了广大教师，在教师中营造了崇尚优秀、进取的氛围，使教师的价值观和道德规范更加充实和形象化，感染力很大，极具影响力。

（二）师徒结对，合作共进

名师是教师中的精英，是教师队伍的带头人。他们具有丰富的教学经验，先进的教学理念，掌握一定的现代信息技术教育方法，具有良好的教育理论基础。充分展现名师的影响力和引领作用，让青年教师从名师的教书育人、教育科研经历及其心理成长历程中得到启发和理解，以身作则，树立榜样目标。因此，如果隆重地举行师徒结对活动，形成名师与青年教师配对仪式，每个教育教学专家选择吸收 3～5 名教师作为学员，形成了"师徒链"，名师和徒弟签订了师徒合同。

名师从德、才、教、研四个方面指导学员。名师与所培养的青年教师共同探讨新的教学理念，共同备课，互相聆听和评价，名师帮助青年教师设计自己的教师发展目标，促进青年教师的专业成长，共同进步并达到双赢的目的。

（三）跟踪指导，标本兼治

打造专业发展的"师徒链"，形成学科航母，随时随地开展教研，通过教师指导学员备课，跟随学员听课，及时交流反馈，使备课指导顺利落地，鼓励青年教师的每一次进步。在备课、上课、作业的批改和最终的考核过程中遇到问题和困难，青年教师可以随时向名师请教、随时点课、随时观课，也让他们认可名师在教学方面的努力和求真务实的精神。

（四）精品课堂，资源共享

我们在教师队伍中开展精品课打磨建设活动，要求每个名师培养对象至少完成一项精品课打磨建设任务。最终的精品课经过检查指导，从磨课题、磨目标、磨环节、磨学生、磨活动五个方面精心制定，完成了二百多门精品课程的录制和创作。各学科组织开展精品课程示范交流活动，青年教师受到启发，不少青年教师反馈，名师教学理念先进，教学氛围活跃，课堂教学实效性高，为青年教师提供了示范和指导。

（五）送教下乡，示范引路

为了加快乡村教师专业化发展，实现优质教育资源交流，促进基础教育均衡发展，可以定期组织名师下乡。将美术、心理健康教育、体育、信息技术等学科深入乡村，开设40余节课，打造亲近名师学"艺"活动。

通过见证名师的行为，学习名师的经验，了解名师的教学理念和教学风格，搭建青年教师与名师对话交流的平台，通过这个平台实现与名师的交流与沟通。

（六）课题带动，科研引领

实施课题化、项目化战略，鼓励和引导教师参与教育研究，是推进教育研究、提高教师专业水平的有效手段。按照人人有课题的原则，加强对学科的组织管理，努力做到"三结合"，即专业研究与新课程改革相结合，与日常课堂工作相结合，与教师专业发展相结合。

新课程改革倡导教师成为研究人员，青年教师在参与教育研究的过程中要不断总结教学经验，升华教育理论，发展自己的教学理念，创造自己的教学特色。名师的科研意识和科研水平对青年教师起到引领和示范作用。

名师和教育机构要根据当前教育教学存在的问题，选题立项，牵头或参与市级以上科研项目。树立正确的教育理念，进行教育和教学经验总结，丰富教育理论基础，撰写高质量的科研论文，取得具有理论和实用价值的科研成果，成为学术型教师、科研型名师和真正的教育教学专家。

（七）培训学习，理论导航

在名师和骨干教师的指导下，定期组织专题理论学习和系统培训，巩固专业知识，提高业务技能。同时，要加强继续教育和定期培训，采取集中与分散培训、全面与重点培训、在职和脱产培训相结合的方式，使全体教师的培训制度化、规范化，真正做到专业成长。

培训使名师和学员更好地把握教育发展和学科发展的动态，开阔视野，升华理论，提高技能，形成自己的教学风格和特色，赋能青年教师向更高层次的发展水平前进。

（八）研讨交流，经验分享

为了有效建设名师队伍，充分调动名师的积极性和主动性，学习名师的先进理念和科学经验，可以积极组织名师成长交流会。老师在会上踊跃发言，畅所欲言，分享对教师专业发展的理解和作为名师培养对象的感受，总结自己专业的成长经历，畅想自己未来的发展。这对提高名师意识、增强责任感和使命感、促进教师专业成长具有重要作用。

为了提高名师和青年教师的反思能力和水平，可以针对性地召开教育教学反思专题交流会。交流会使其他名师和学员明确了教育教学反思在促进教师专业发展、提高反思水平中的作用。

三、同伴互助策略实施的原则

同伴互助策略实施原则，代表了实施同伴互助策略应遵循的基本要求，只有理解、掌握和正确运用这些原则，才能实现同伴互助目标。同伴互助策略基本原则包括以下五个原则。

（一）自主性原则

自主性原则是指教师在相互支持的情况下自愿开展活动。自主性原则主要体现在三个方面：

第一，教师应自主决定是否参加点对点互助活动，以免因强迫教师参与而引起教师抗拒，导致活动无法有效开展。

第二，教师自主选择合作伙伴。参与互助活动的同伴，应该由教师自行选择。

第三，教师与合作伙伴进行互相帮助。最终的目标应该是什么，还要由教师与其同伴独立讨论和决定。

（二）合作性原则

合作性原则是指教师与教师之间的互助，应建立在教师之间的合作伙伴关系的基础上。合作性原则强调教师平等参与同伴互助活动，强调教师之间形成良好的沟通、互信、合作的氛围。合作性原则要求教师在志趣相投的互助活动中建立和谐的人际关系，与其他教师毫无保留地分享知识、经验和信息，开诚布公地指出其他教师的不足和优点，共同讨论并且共同解决问题，促进教师集体发展和进步。

（三）开放性原则

开放性原则是指实现同伴互助策略的手段可以是多样的，不必拘泥于一种形式。因为校本教研是一项以校为本、赔偿教师为本、以解决学校问题为核心的研究活动，所以每个学校的设施、条件、氛围，以及每个教师的技能、兴趣都不一样，而且专业不同，知识结构和学习水平也不同，这就需要坚持包容开放的原则，根据学校、教师和学生的具体情况采取适当的方法，以确保最终策略的有效性。

（四）反思性原则

反思性原则指教师同伴互助策略既强调教师集体合作互助又强调教师的反 思与自主发展，关注教师教学行为背后的观念及态度。反思性原则要求教师不 能完全依赖于同伴，要在同伴互助活动的过程中持续进行自我反思，以实现自 身的发展和提高。教师同伴互助策略的最终目的还是促进教师反思，推动教师自主自觉地专业成长。因此，坚持反思性原则，在教师互助合作的过程中也 要促进教师个体的反思。

（五）目的性原则

目的性原则指在教师进行同伴互助前使教师明确同伴互助活动的目的。此 目的包括两个层次：一个层次是同伴互助的长期目的，即促进教师的专业发展，提升教师的教育教学能力，要向教师解释清楚同伴互助对于任何水平的教师都是有益的；另一个层次是同伴互助的近期目标，即本次同伴互助活动要解决的具体问题、完成的具体任务。目标是教师同伴互助的校本教研模式的导向，只有目标明晰，模式才能高效、有序地运作。

四、同伴互助策略实施的程序

（一）建立团队

建立学校教研团队的过程，也是组织设计学校教研团队的过程。学校教研团队的组建，可以由教师自主发起，也可以由学校管理层组织。教师自发的校本教学的研究团队通常由有共同问题或需求的教师组成，围绕特定任务组织。可以有一项或多项举措，其他年轻教师自愿参加，要求学校通过学校行政组织给予一定的支持。学校管理层组织的校本教研团队通常围绕学校现阶段面临的主要问题，选择具有该领域专长的教师，通常是教师自愿参与。

在学校教研团队初建阶段，应考虑团队规模、成员构成等问题。学校教研团队的构成可以是同质的（同一学科等），也可以是异质的（不同学科、不同岗位等），一般认为具有以下作用：同质团队因为了解程度较高，可以取得更好的成绩；从多元智能的角度来看，异质团队中的教师在知识结构上存在较大差异，因此可以从多个角度看待问题，并帮助解决问题。

根据中小学教师构成情况，以及对市区及其他县市的调研和走访情况来看，教师互助校本教研团队规模为 5 ～ 7 人，最多不超过 12 人。大约 7 名成员的团队比更大或更小的团队更能有效地完成任务。如果教师要面对面交流，参加人数最多只能是 12 人。5 ～ 7 人的教师团队不仅可以保证每位教师充分表达自己的意见并参与决策，而且在意见不统一的情况下也能采纳大多数人的意见，所以团队很容易组建，可以创造一个融洽的氛围，成员可以更轻松地做出有利于团队的决策。

（二）确定目标

目标是行动的方向，明确的目标可以为行为提供动力和指导。学校教研的目的是促进学校、教师和学生的共同发展和进步，其方向性和正确性是毋庸置疑的。但是，鉴于这样一个难以衡量的长期目标，教师很难找到具体行动的切入点，也无法付诸实践。因此，需要团队设定短期目标和任务。短期目标是指当前、具体、可实现的目标。学校教研的短期目标可以先由团队中的老师根据自己的经验和需要，就预备改进的地方提出建议，然后由团队老师共同讨论确定，让老师认同和接受，然后他们可以为自己设定更有帮助的目标。

在学校教研团队建设的初期，设定团队目标可能太难，也可能太容易，这种问题在团队发展过程中是不可避免的，随着教师的不断发展和提升，教师之间的沟通质量会改进，这个问题也就可以解决了。

学校教研组目前的任务是基于团队的短期目标制定的。在保证目标的具体性和可实现性，并得到团队中教师的认同后，根据短期目标制定的任务，是学校教研组教师必须面对的问题，通过相互支持与合作，解决问题，这是教师共同分担责任的表现。

（三）明确角色

角色是团队成员的特定行为模式，不同角色反映了团队成员担任的不同的工作职能、权利、义务和责任。在同伴互助的学校教研团队中，教师之间的关系是平等互助的，但由于解决问题的需要，教师也不得不承担不同的角色、职责和相应的任务。校本教研团队中教师的角色是由团队成员根据校本教研任务的性质、每位教师的特点和智力构成，通过协商确定的。

随着教学和研究职责的不同，教育者的角色将继续发生变化，教育者可能会在团队活动中轮流担任领导角色。例如，组织能力强的教师应在组织讨论中起主导作用，教学能力强的教师应在示范教学中起主导作用，观察能力强的教师应在课堂观察中起主导作用。这样可以充分发挥教师的优势和潜力，提高教师团队合作的积极性，保证团队合作氛围的形成，使教师能够与其他同事真诚合作，共同进步，无论他们当前扮演什么角色。.

（四）开展活动

教师参与教研活动的过程是解决学校和教学中存在的问题的过程，是完成学校教研任务，实现学校教研短期目标的过程。在这个过程中，教师可以通过多种形式进行协作，更好地解决问题。最终选择哪种形式取决于教师的意愿和学校教研的任务。通常可以采取研习、示范教学、同伴练习和反馈的形式。

研习是指教师研究和讨论学校中出现的问题或进行小组教学，以解决实践中的难题和问题并鼓励自我提高。

示范教学是指团队中的一名教师主动开展示范教学，其他教师通过观察了解教学基本原理和技巧。在示范课结束后，示范教师与其他听课教师进行交流讨论，实现及时反馈和互动。

同伴练习和反馈是指教师以团队成员为教学对象，轮流主持微课，同事给予适当的支持、观课与反馈，再以某个班级为教学对象，测试新的教学方法或模式，同行教师进入课堂观察并提供课堂反馈。

（五）检验策略

在这个阶段，教学团队成员应通过合作和相互支持，将探索出的解决问题的方法付诸实践，并在教育教学过程中对其进行检验，以确定这些方式和方法是否实用有效。例如，针对课堂教学效率低的问题，需要教师教学团队在课堂教学中，尝试一种由教学团队通过理论加工和经验总结，共同探索和探讨出来的新教学模式。在检验过程中，团队教师要相互观察，及时反馈，对模式的不当之处进行调整和修正，以达到提高教学效率的目的。

在这一阶段，教师同伴协助的主要作用是观察教师团队的思想和理念是否与解决问题的策略一致，通过观察同伴教师的课堂教学和其他教育教学实践来识别是否存在问题、解决策略是否适当。

教师练习实践中如有错误，应及时指出并纠正；如果策略本身有问题，教学团队必须根据实际情况进行调整，然后进行实践测试。

（六）总结反思

总结反思阶段是教学团队对以上五个阶段进行思考和反思的过程，也是教师和教学团队发展壮大的关键阶段。在这个阶段，一方面教学团队要总结解决问题、团队互助过程中收获的成果，促进教学团队的成熟和教学团队的发展。另一方面个别教师也应不断反思自己，才能进一步发展。教学团队和个别教师的总结和反思可以有多种形式，不仅有对话、辩论、研习等口头形式，也有课后笔记、反思日记、论文等书面形式。无论采取何种形式，都应听从教学团队和领头教师的意见。

五、同伴互助策略实施的途径

同伴互助策略强调教师集体的作用，强调教师之间的相互切磋与合作，互相学习，彼此支持，共同分享经验。它的形式应该是灵活多样的，不同的学校和不同的教师群体的要求不同，选择实施的途径也是不同的。作者凭借多年教学实践经验，并走访了多家中小学后，总结出以下途径对于教师的同伴互助效果显著，具体展开如下。

（一）教师结对

教师结对是教师之间互相帮助，提高专业水平的一种合作学习形式。教师结对相互学习，相互帮助的历史比较悠久，至今仍是一种具有强大生命力的教师之间互助的有效形式。教师结对，在教学上相互支持、相互帮助，结对教师共同确立目标，明确行动方法，并且开展具体的行动。结对教师可以向具有丰富教学经验和优秀教学业绩的优秀教师学习和寻求帮助，具有经验的教师可以引导新教师尽快满足角色和环境的需求。结对教师可以相互积极地听课，观察对方的教学过程，学习对方成功的教学经验，促进教师的专业发展。

（二）集体备课

教师集体备课，往往是根据备课的内容要求，在个别教师单独备课的基础上，由教师自发组成特定的教师小组或学校结对班子。对于个别教师在备课中不能解决的课业问题，采取讨论、交流、相互学习等形式加以解决。

常见的集体备课模式主要有以下几种：

第一，根据集体备课的形式，可分为汇报讨论型、辅导点评型、论坛型、交流型。

第二，根据集体备课的过程，可以分为三阶段集体备课和四阶段集体备课。

第三，根据集体备课的区域，可分为校内备课和校际备课。校内备课可分为单学科备课和跨学科整体备课，校际备课分为区域备课、联校备课和在线备课三类。

第四，根据集体备课的内容，可以分为以班级、单元、书籍、专题或研究课题为主题的集体备课。

第五，根据集体备课的时间，可以分为学期初的集体备课、日常教学中的集体备课、考试后的集体备课等。

多种集体备课方式，既能汇聚教师智慧，又不至于让教师备课负担过重。集体备课依靠集体的智慧和力量，教学方法可以通过集体协商和研究得出，但核心是对教材的认真、全面、透彻的学习和教师个人对学生学习情况的深入了解。没有教师自己的努力与勤奋，任何形式的备课都是不足够的。因此，集体备课可以促进教师自身的专业发展。

（三）观课议课

观课议课是指校内外教师对教学的课程相互听课之后，相互评价。课堂是教师教学工作呈现的主要场所，教师的知识、技能乃至人生态度，大部分都是通过课堂教学来表达的。教师之间相互学习，主要是为了获得课堂教学的知识、技术、经验、智慧和艺术；老师之间互相帮助，主要是帮助教师解决课堂上存在的问题。因此，在教师的相互支持下，要特别注意观课议课可以提高教师的课堂效果。观课议课是教育研究的重要组成部分。观课议课为教师专业发展提供了平台。观课议课有助于新的教育教学理念的渗透，方法的运用、策略的拓展都可以通过案例研究来实现，这被认为是教师发展最快和最有效的方法。观课议课也是教师之间加强联系、打造和谐关系的手段之一。当前的新课程改革更多的是通过观课议课来解决教学中存在的问题。同时，观课议课也是一种培训形式，课堂的参与者可以相互提供教学信息，共同收集和交流教学信息，并在充足的信息基础上，就共同关心的问题进行对话和反思，以改进课堂教学，促进教师的专业发展。.

（四）课堂教学观察

课堂教学观察源于西方的科学主义思潮，并在 20 世纪 50 年代和 20 世纪 60 年代演变为一种研究课堂的方法。课堂教学观察是一种通过观察记录、分析和研究课堂运作的专业活动，旨在提高学生的课堂学习能力，促进教师的专业发展。

与一般的观察活动相比，课堂教学观察要求观察者利用自己的感官和相关工具（观察调查表、录像摄影设备），有目的地直接或间接从课堂上收集相关教学现象，并适当地收集教学的数据，以便进行适当的分析和研究。

课堂教学观察打破了传统的听课评课方式，提倡在课堂上对教材、教师、学生、教育资源四个维度进行观察和评价，可以有效地介绍新课程的目标。对促进学生课堂学习、促进教师专业发展、塑造学校协作文化具有重要意义，是教师日常工作中不可缺少的一部分，也是教师专业学习的重要组成部分。

（五）讨论和交流

讨论和交流是指教师在遇到问题时，可以自由地表达自己的看法、观点和意见，当他们有想法和困扰时，他们也愿意向其他教师倾诉或讨论。这种讨论和交流是不受时间、地点限制的，讨论和交流的内容非常丰富和广泛，是教师之间相互支持最方便、最有效的形式。

同行教师之间，需要并且可以讨论和交流的事情有很多。他们首先要愿意开展这种沟通和交流。教学本身就是一种个性化的智力工作，在教学实践中，我们经常会遇到各种困难和问题，这些困难和问题需要教师思考和反思。如果这些想法能够及时地与同行交流，思维有可能会变得更清晰，理解会更深入，困难和问题会更容易克服和解决。反之，如果把一个想法埋在心里，不准备和同事讨论，结果可能是自己仍然无法理解，而且不利于问题的解决。两个人交换苹果和两个人交换想法是完全不同的两件事。两个人交换苹果，即便交换，每人手里也只有一个苹果，但是两个人同时交换想法，两个人都能获得两个想法。

教师之间讨论和交流，更有利于沟通。因为老师长期一起生活和工作，所以大家对彼此的情况比较了解。尤其是一起参加讲座和研讨会，对某些问题有可能产生截然相反的看法。通过讨论和交流，得到新的理解，并且在促进教师的进一步实践之前，可以先进行认真的思考，调整自己的思想、对事情的理解，然后尝试行动。对于教师而言，只要每个人都有勇气，都有能力创造自己的新观点，每个人都能妥善认识并处理好自己的不同观点，那么，提高教师的整体素质指日可待。

教师在工作中写课程设计、反思文章、总结或研究论文是很常见的。教师自己写稿子，自己思考，自己修改，但是在修改自己稿子的时候，总是不能走出自己给自己稿子定好的圈子，更难的是实现新的突破。如果教师向同事展示自己的手稿并更改，可能会有新的发现和收获。教师持有自己的观点，他们不仅很容易发现手稿中的用词、句法、排版等问题，甚至可能质疑手稿的材料、观点和价值观。

所以，讨论和交流是一种收集想法，相互沟通的过程，也可以从教师那里得到一些关于新想法、新见解、新材料的信息，这是一个有效的学习机会。因此，讨论和交流有利于扩大自己的视野，提高自己的水平。

（六）教学观摩

公开课教学观摩主要指学校根据一定的教学任务和目标，组织教师定期开展的全校公开课交流活动。教师通过旁听公开课，可以及时弥补教学中出现的问题与不足，教师也可以借此机会互相学习，实现提高教学水平、共同进步这一目标。教学观摩让教师有机会实现教师之间的相互交流和学习，帮助教师对教学和学生进行深入研究，迅速提高教育质量。教师可以分享备课材料和教学技巧，共同分析教学情况，讨论教学改进策略，学习同行教学经验，增强教师的自学能力，促进教师的自主发展。

（七）开展竞赛

教师之间开展的辩论赛和各种教学竞赛，是教师之间最密集的交流和互动形式。赛事的开展，虽然不像过去那样"轰轰烈烈"，但依旧是火药味十足。通过辩论赛、备课赛、学习案例设计赛、讲课赛、基本功教学比赛、教育学院举办的各种竞赛，教师可以借此机会相互碰撞思想，鼓励探索，唤醒教师多角度深入思考的意识，有利于教师专业发展。

（八）网络互助

基于网络的同伴支持是一个网络化的活动系统，通过精心设计和构建教师同伴支持小组及其相应的教学和研究活动网络，相互联系，去除阻碍，其核心是提高课堂教学质量。

网络教研为教师团队协作学习和交流提供了一个虚拟社区环境，为一线教师搭建了一个民主、平等、尊重、和谐的线上平台，让一线教师充分展示和交流学习，鼓励教师在教研中进一步培养兴趣和学习习惯。为了有效地使用这个平台，可以采取多种形式。例如，教师可以利用互联网准备、搜索、收集、整理、发布在线课程，获取和使用互联网上的网络资源，同时在教师个人博客上发布自己的教案，以便教师在网上学习。同一学科的教师可以就准备的内容充分提出意见和相互讨论，根据提出的修改意见修改、完善自己的教学设计，然后应用到教学实践中。

使用 QQ、钉钉等聊天工具进行实时在线授课，这是一种在线交流的互动式授课方式。这种方式扩大了交流的范围，打破了空间的限制。

在社群中，教师可以在轻松的氛围中教研。开展"线上沙龙"也是一种常用的教研形式，教师充分利用各种软件，进行实时的"线上沙龙"，随时展开一场头脑风暴。以促进教师自我表达为动力，在线联合教研，这种教研方式实现了跨区域、大范围、多层次的交流和相互影响，对促进教师自我实现和教师成长发挥了不可替代的作用。这也是发展现代远程教研的一条极其重要的道路。

（九）教学论坛

教学论坛是促进教师专业化发展、提高教师综合技能的途径之一。一方面，通过聘请专家授课和培训学习，可以开阔教师视野，加强外部环境对教师的影响。另一方面，教师必须更加注重与教学实际的联系，加强教师的反思和相互之间的沟通。教师应该将教师工作主动内化为教师的自我需要。教学论坛作为一种重要载体，不仅有效利用了学校资源，还更好地发挥了教学论坛的辐射作用。通过主讲人的分析，教师从身边的案例入手，借助其他教师的想法解决相关问题，提升了自己的专业能力，从而达到教师互助的目的。在教学论坛上，分析、探究自身教育教学中存在的问题，思考、质疑或评价自身教学的有效性，达到自我发展的效果。

第三节　课题带动发展路径

一、课题带动实施原则

教育科学不是停留在个性化的教育活动的层面，而是要探究其中的共性规律，以事实为依据，以规律为对象，以实践为标准，以创新为灵魂，以解决问题为使命。课题研究的使命是产生思想和揭示规律，而教育技术和艺术则是教育科学成果的规模推广与个性化应用，因此，为了完成课题带动策略既定的研究目标，实现成果应用的最大化，在实施过程中必须遵循以下基本原则。

（一）校本性原则

校本性原则主要是指帮助教师根据在教育教学实践中遇到的问题、话题 筛选课题，由个人或几个人合作，选用恰当的教育科研方法，在较短的时间内 开展研究，取得改善实践效果的行为方式，使"神秘"的课题研究工作回归实践，贴近教师，走进课堂，解决本地、本校、本班的实际问题。

（二）示范性原则

示范性原则是指导学术研究教师，进行示范研究，达到预期效果，在本学科或学校教师的学术研究和专业发展进程中发挥示范和引领作用。

（三）整合性原则

整合性原则是要求教师将项目研究工作有机地融入日常教育教学工作中，逐步采取"工作研究化、研究工作化、研学一体化"的工作模式。

（四）创新性原则

创新性原则是鼓励教师突破项目研究过程中的僵化思维，前提是研究成果具有创造性，又具有普遍性。

二、课题带动路径实施的途径

（一）专题讲座

专题讲座是一种有效地普及教育科研知识的策略。根据教师教育科研知识的实际情况，准备了"如何选择教育科研课题""教育科研课题的研究过程""常用的教育科研方法"和"教育科研成果的总结提升"四个专题，设置好相应的专题后，聘请专家到实验学校举办讲座，这样的效果比较理想。

在一场专题讲座上，教师充分发表了意见，依据教师的反馈意见，进行了调整，形成了适合教师实际需求的专题知识，便于教师掌握与使用。

（二）专家指导

我们所说的专家不仅是教育科研领域的大学教授或教科院（所）的专业研究人员，还包括具有一定研究能力的学科教研员、学科带头人、骨干教师等。实践表明，专家亲临一线参加研究与指导，不仅科学规范，还能拓展教师的研究知识，开阔教师的研究视野，提升教师的研究能力，帮助教师选取合适的研究课题，开展研究工作。

（三）研讨交流

围绕研究内容，开展形式多样的课题研讨交流活动，在交流中不断丰富教师的理论知识，在碰撞中激发教师的研究热情，促使教师在感悟中学习发展。

（四）指导自学

指定教师必读的教育科研书目，并利用网络平台采集教育科研前沿信息，定期举办学习沙龙，开展主题研讨活动，激发教师对选题的敏感度，促进教师形成学习意识，唤醒其研究意识。在研究工作中，我们发现指导教师自学的关键在于唤醒教师的自觉行为，一旦教师教育科研自觉意识产生后，就表现为针对某个研究对象，对身边教学环境积极地探索和不懈地钻研。

第四节　竞赛激励发展路径

新一轮基础教育课程改革，不仅要求小学教师发展新的课程理念、转换角色、改变旧的教学方式，也对小学教师的基本教学技能提出了新的挑战。要把新课程理念转化为教学实践行为，首先，必须集中体现小学教师的基本教学能力。其次，小学教师必须不断深化课堂教学改革，建设与新课改相匹配的课堂文化。最后，必须实现和支持小学教师的基本教学技能。因此，重构小学教师资格结构，形成和掌握新课改教学必需的基本技能，既是新课程改革的需要，也是小学教师专业发展的需要。

教育教学技能竞赛是教学精英的汇聚，是新进教育思想的盛会，也是教学技巧和教学风格的展示。通过教育教学技能竞赛，一方面，突出展示了教学理念、教学艺术、教学风格和整体素质；另一方面，也展现了教学能力和教学质量。

一、教育教学技能竞赛要正确处理三对关系

教育教学技能直接反映了一名教师的潜在素质。教育教学技能竞赛，一方面促进提高小学教师专业技能的整体发展水平；另一方面全面映射教师个性化素质的提升。教育教学技能竞赛在教师专业发展中发挥着重要作用。为了确保教育教学技能竞赛向"促学""促教"方向稳步推进，开展教育教学技能竞赛应注意以下三个关系组合。

（一）理论与实践相结合关系

理论与实践相结合，意味着教育教学技能竞赛要从小学教师教育教学的实际需要出发，不仅要考查小学教师对教育教学理论和新课改理论的掌握程度，还要考查小学教师的其他能力。在小学教师运用理论解决实际问题时，特别是要检验小学教师的实践能力。部分教师仍然持有教

学理论深奥难懂，对教育教学实践的指导意义不大这样的论调，在很多教师眼中，教学理论是写教学研究论文时用来提高文章水平质量的"工具"。教育教学技能竞赛可以促进教师重视理论学习，学以致用，指导教师开展教育教学实践，进而在教育教学实践中不断增加理论知识。

（二）一般能力和特殊能力相结合关系

一般能力和特殊能力相结合，意味着教育教学技能竞赛既要考查小学教师在教育教学工作中的基本能力，体现不同学习层次、不同学科的具体情况，又要考查小学教师的综合素质、一般教学能力和特殊教学能力。

人的能力可以分为一般能力和特殊能力。一般能力是指人类在所有活动中都需要的基本能力。特殊能力则是指人类在少部分活动中掌握的一些能力。常见的特殊能力包括在数学、音乐、绘画、戏剧、文学等方面表现出来的独特的能力。

由于学科的不同，学习水平的不同，教学的基本能力既有相似之处，也有巨大差异。例如，数学教学的一般能力主要与数学观察能力、数学注意力和数学记忆能力等有关。

一般能力和特殊能力存在有机联系：一般能力发展得越多，为特殊能力的发展创造的准备条件就越有利；反之，特殊能力的发展也对一般能力的发展产生积极的影响。某种一般能力的某一方面经过专门开发后，就可以成为某种特殊能力的一部分，所以这种特殊能力也可以看作是一般能力的一种发展和延伸。例如，在数学课上，特殊的数学能力包括数学思维能力和空间想象力，只有通过对一般数学能力有了透彻理解和灵活运用，特殊的数学能力才能得到发展。

一般能力和特殊能力相辅相成，辩证统一。在教育教学技能竞赛中，要注意两者的结合，不能分开应用掌握。作为一项规律，我们应该注意一般能力的形成，这为我们建立、发展和真正塑造特殊能力打下了坚实的基础。

（三）面向全体和彰显个性相结合关系

教育教学技能竞赛既要面向全体小学教师，调动每个小学教师参与竞赛的积极性，提高每个小学教师的业务水平，又要为个别有特殊能力的小学教师提供展示的平台，发挥他们的一技之长。

二、评价的原则

20 世纪 80 年代以来，伴随着我国教育改革的深入，教育评价日益受到重视，因此，教育评价的范围越来越广。作为教学和研究活动的一种，教育教学技能竞赛也必须进行相应的教育评价。

教育教学技能竞赛评价是指听课的同行教师参与者或专家评委按照一定的标准，采用科学可行的方法对教师教学内容的价值进行专业评估的教学评价活动。总的来说，教学评价需要解决三个问题：一是听课的同行教师参与者或专家评委评价什么，教育教学技能竞赛评价的内容主要由该堂课的教学内容决定；二是听课的同行教师参与者或专家评委应该如何评价，主要涉及三个环节——检查授课内容是否全面、根据指标判断、根据判断标准量化；三是同行教师参与者或专家评委为什么这么评价，这是教育教学技能竞赛评价发展的高级阶段。事实上，通过对教师授课情况的评估，可以进一步规范教师授课的评价活动，促进教师授课水平的不断发展，以达到最佳效果。教育教学技能竞赛旨在衡量授课教师的自身素质和授课水平，同行教师参与者或专家评委评价和分析授课教师的授课成绩和授课中存在的问题，帮助授课教师掌握科学的教学方法，提高教学能力，实现优化教师专业素质、提高教育教学质量的最终目标。

所谓教育教学技能竞赛的教学评价原则是指教育教学技能竞赛教学评价必须遵循的基本要求。只有按照一定的评价原则开展教学评价，评价结果才能确保客观、公正、科学、有说服力。根据以往教育教学技能竞赛可知，常见的教学评估有以下四个原则。

（一）科学性原则

科学性原则是指评价教师授课的指导思想、内容、标准、方法和手段时，都应当遵循科学、客观原则。所谓指导思想的科学性，是指教学评价应坚持实事求是的态度，一切评价都是基于授课教师呈现的课堂实况，不能为个人喜好和厌恶所控制，更不能凭借评价者的主观臆断。所谓内容的科学合理性，是指无生上课的评价内容应保持全面性与一致性，不应有所忽视或随意选择。评价标准科学性是指针对其授课开展评价时，评价标准本身应具有科学性和标准实施的科学性，特别是竞赛的评价标准要求明确、具体、面向实际。评审在使用评价标准开展评价时，不能依靠直觉和经验。对于教学评价的方法和手段，现阶段应用得较为科学的方法是"量化法"，即采取"定量"的方式确定教学评价标准，尽量不要进行描述性评估和评价。

此外，评价人员必须具有科学性，相关人员参与评价前，必须掌握评估的科学知识（如统计学、计量学等知识）。总之，在竞赛教学评价中，只要坚持科学性原则，教学评价就能够真实、客观地反映授课教师教学的本来面目，使教学评价结论成为改进教学的客观依据，调动教师参与教学的积极性。

（二）全面性原则

竞赛评价的全面性原则是指针对教师授课开展教学评价时，要有一个全面的视角，不能只强调片面内容或者是只针对单方面。具体来说，全面性原则包括三个内容。

第一，评价的全面性原则要求评委有必要充分分析教学活动的所有教学材料。由于所有正确的结论都来自判断材料的准确性，如果教学内容不完整或评审仅对部分信息进行了分析和处理，结论难以反映出教学的本来面目，评价也会失去真实性，评价结果也难以作为教师教学与教研的参考资料。

第二，评委要对整个教学过程进行评价，不能只取一段教学或一部分授课内容。评价一名教师的教学效果要对完整的教学内容进行判断，仅看某一部分，最终的评价结果不够客观。

第三，评估教学的标准必须是全面的。评审不仅要分析教师在课堂上的客观表现，还要分析教师的整体素质，如教师的语言表达能力、教师课堂上的教学机制等。总之，评价应该从课程活动的各个方面进行全面的评估。

（三）综合性原则

综合性原则是指在评估时，同行教师参与者或专家评委需要综合考量教学活动中的各种因素，明确各种因素在教学活动中的比例，得出准确的结论。

教师教学的任务和内容具有复杂性和多样性，教学活动是一个相当庞大的、复杂的、跨领域的综合性知识和能力体系。授课的内容包括教材分析、教学方法、课程设计、黑板书写、作业设计等。某一个学科的课程内容往往不仅包括学科知识、教育科学，还包括哲学、社会学、历史学、自然科学等。这些内容综合反映了教师授课的质量。因此，在进行竞赛评价时，有必要对相关内容进行分析，综合权衡教学过程中的各种因素，以确保评价的客观性和公正性。

（四）指导性原则

指导性原则是指教学评价的指导作用。教学评价需要让小学教师知道自身优势，明确自己的劣势，寻求改进方案，寻找努力方向。

在评价授课水平时，遵循指导性原则是非常重要的。因为从本质上讲，同行教师参与者或专家评委评价无生上课的主要目的不是做一个"评判者"，也不是区分输赢或定义好与坏，而是充分发挥评价的激励和引导作用，帮助授课教师总结经验教训，进一步完善授课的内容，进而提高教学质量。

如果同行教师参与者或专家评委不给予具体指导，不指出授课存在的问题和未来努力的方向，评价将失去价值。因此，教学评价应与教学指导相结合，使评价真正发挥指导作用。

三、评价内容

评价内容具体包含以下几点。

（一）是否体现了学科特点

教学最终目的是促进学生的发展，评价标准应该着眼于学生在课堂上的表现，关注学生的学习行为与学习成果，以此来评价教师课堂教学的成败，用学生的"学"反映教师的"教"。但是，在教育教学能力竞赛中往往没有真正的学生，评价者难以直观地观察到学生在课堂中的学习情况。因此，如果简单地套用常规课的评价标准模板，则难以适应竞赛评价的要求，更无从谈论公正、客观、准确的评价。因此，竞赛课的评价标准，既要遵循一般评课的指导思想和基本原则，又要把握模拟课的特点，突出学科性质。

（二）是否体现了理论性

理论性是开展教学的基础，是教学不同于备课、说课或其他教学研究活动的重要标志，也是教学最明显的特点。教师在开展教学展示活动的过程中无须说明教学理论，但时时刻刻要做到有理可循，符合学理逻辑。

（三）是否体现了教学过程的科学性

无生上课的评估不应该只关注教学过程中涉及的教学内容，而忽视这些教学内容的安排是否必要和合理、教学程序组织和内容结构是否科学严谨，忽视教学内容处理和相关教学工具是否适当有效、教学内容的信息输出是否被学生完全接受。

（四）是否体现了教师基本素质

评价应注意对教师基本素质的考察，如普通话、教态、仪表、粉笔字等，这与教师的教学质量有关，但这并不意味着基本素质较强的教师的课堂教学设计与执行比基本素质较差的教师强。如果在评估过程中出现这种情况，应当将课堂本身作为评估的基本依据，而不是"一白遮百丑，一黑毁所有"，仅凭或好或坏的基本素质决定最终评估结果，会降低部分教师练课的积极性，使评价失去公正性和合理性。

四、建立教育教学技能竞赛的评价体系

竞赛要有标准，要按照标准进行评价，评价不仅要确定成绩，还要对教师的学习、教学研究、整体素质起到促进作用。教育教学技能竞赛评价体系由评价指标（默认）、评价过程、评价方法三部分组成。

（一）评价指标

评价指标，即评价标准，是进行评估考核的主要依据。教师教育教学技能竞赛的一级评价指标，主要包括教育理念、主题立意、呈现方式、情感体验、创新开放、全面整合、科学严谨、学科特色、专业品质、整体效果十个方面指标。

1.教育理念

教育理念体现了小学教师对教育教学工作的理性认识，代表着小学教育教学工作实施的指导思想，不同的教育理念导致不同的教学行为。随着新课改的深入，新的教育教学理念已经渗透到教师的日常教育教学生活中，已经成为教育教学技能竞赛的首要评价标准。

2.主题立意

主题立意也称为"主题思想"，有时也称为"主题"。在教育教学技能竞赛中，主题立意是指小学教师根据教育教学技能竞赛要求，制订相应的教学计划的核心思想和基本内容。教育教学技能竞赛主题要新颖、清晰、准确，让评审教师感受到内心的震撼，形成教师成长的支点。

3.呈现方式

呈现方式也可以称为呈现手段，是教育教学技能竞赛主题的外在表

现。无论是何种比赛形式，都有自己独特的表达方式，通过不同的呈现方式来表达其中的主题。

4. 情感体验

情感体验是小学教师对学科教学中"情感态度和价值观"目标的理解和感知。新一轮课程改革已成为学前教育、初等教育、初中教育和高中教育的重要教学目标和评价指标。无论是社会科学学科还是自然科学学科，情感态度和价值观都必须成为该学科教育教学能力竞赛的重要评价指标。

5. 创新开放

现代教育理论提倡教育的创新性，即教学方法的多样化、成果评价的多样化、学习方式的多样化、学习课程的多样化、学习途径的多样化等。这种多样化也决定了教学的开放性。教学的开放必然导致教学内容、教学目标、教学方法、组织形式和评价形式的开放。因此，教师在教育教学技能竞争中的创新能力和开放性势必成为教学评价的重要指标。

6. 全面整合

全面整合意味着全面性和完整性。全面性旨在评估教师教育教学能力竞赛的活动计划是否具体、周密。完整性是小学教师组织、处理和转换某一主题的材料呈现新画面的过程是否完整。

7. 科学严谨

科学是指科学性，通俗地说就是客观、公正、真实、准确、可靠等。严谨意味着严肃和谨慎。科学严谨是教师职业永恒的主题，是教育教学的必由之路，是评价中不可或缺的标尺，必须始终坚持。

8. 学科特色

学科特色是指在教育教学竞赛中需要强调的学科的本质特征。教育教学竞赛中没有学科特色就没有教学创新。为此，比赛的组织者在设计活动时要考虑学科特点，参加比赛的教师在设计自己的课程时也要考虑学科特点，考虑在展示中如何强调学科特点。

9.专业品质

专业品质是指教师为从事专业活动所需要具备的专业知识、专业技能、教育心理学知识和教育能力。专业技能是专业品质的一个方面，教师专业技能的高低应以专业品质的整体发展来验证。

10.整体效果

整体效果是指在教师完成教育教学技能竞赛后，评委最终会根据小学教师自身的整体表现、教案设计及现场展示做出评判。该指标能够以全面、客观、公正、准确的方式提供合理的评分，尽可能减少评委的主观情绪。不同类型的比赛可能设定不同的评价标准。

实践证明，以上十项教育教学能力竞赛评价一级指标可以客观、科学、全面地评价教师教育教学能力发展水平，代表了科学实用的评价标准。

（二）评价流程

严格的评价流程可以保证评价的质量，对此，我们将评价流程作为评价指标体系的重要组成部分，从评价准备、评价执行、评价总结三个方面进行了划分。

1.评价准备

（1）确定评价的主体和目标。根据竞赛内容，确定评价的主体和通过评价要达到的预期目标。

（2）制定评价标准和指标体系。参照一级指标体系，结合学科竞争类型的特点和评分要求，制定二级、三级评分标准和指标体系。

（3）选择评价方式。根据比赛的性质和主题制定评价方法。评价方法应科学、灵活、可操作。科学是指评价方法要客观、合理、准确；灵活是指评价方法应灵活多样；可操作意味着评价方法应该实用且易于使用。

（4）聘用考核人员。考核组长一般为学科教师和研究员，组员由专业能力过硬、思想政治正确、无私奉献、作风正派的优秀教师组成。个人赛评委一般为5人，团体赛评委一般为7人或9人。

（5）制订评价计划。为了保证比赛顺利进行，每场比赛都制订了评价计划。评价计划的内容主要包括：评价的目的和主体、评价指标体系、评价成员、评价方法、评价计划、评价要求等。

（6）开展培训。培训对象包括两部分：一是对评价者的培训。培训内容是对评价标准和指标体系的解读，使他们能够明确评价目的，掌握评价方法，熟悉评价标准，提高评价的有效性。二是对参与者的培训。培训内容不仅说明了比赛的内容和具体要求，还包括了比赛的技巧和方法。参赛的老师即使没有获奖，也会从培训和比赛中有所收获。

2.评价执行

教育教学技能竞赛的评价，旨在展示比赛的水平，更重要的是通过评价成绩的划分以达到争优的效果，因此需要注意评价过程的细节，避免随机性，并降低评价错误率。

（1）进行现场比赛前，应向参赛教师说明评价标准，以提高教师的竞赛表现。

（2）进行综合评价，提高评委评价的准确性。三场教师比赛结束后，评委进行综合评价，权衡评价标准，有利于后期参赛教师的公平竞争。

（3）总结评价阶段，确保公平。比赛进行到一半时，组织评委总结前半段参赛选手的情况，减少失误。

（4）评价过程中，评价者应注意收集一些典型案例，作为评议材料，便于最终起草总结报告。

（5）对比赛结果进行数据处理，根据数据进行评分。

（6）有条件的，对现场示范比赛进行录像，评选出优秀案例，进行赛后展示。

3.评价总结

比赛结束后，由组织人员撰写比赛总结报告，积累比赛经验，减少工作失误，实现以赛促教、促科研的目的。回顾报告一般包括以下内容：

（1）比赛目的和原则。

（2）评价方法和标准。

（3）评审人员介绍。

（4）比赛的评审结果和奖项。

（5）竞赛经验和不足。

（6）竞赛活动对教学的促进作用。

（7）对今后竞赛工作的改进建议。

（三）评价方法

评价方法是指用于获得科学、客观、准确的评估结果的手段。教育教学技能竞赛有评价标准，需要科学的评价方法，尤其是评价现场展示教学环节，用对方法更重要。对此，在比赛过程中，我们经常结合使用以下方法，使得评价效果更加公平。

1.绝对评价法

这种教学评估方法往往不考虑参与教师的不同情况，如参与教师教学业务水平的差异、对教学方法的理解的差异、年龄教龄的差距等，评委仅仅考虑无生上课的教学水平是否达标。评委通常会制定相对客观、公正的评估标准，然后将被评估教师的课堂表现与预先定义的标准逐一进行比较，确定教师的上课水平与标准的差异度。

这种绝对评价法的优点是，由于是预先制定标准，因此评估结果通常是客观和公正的。标准的可比性可以使每位授课教师发现自己授课的不足和与标准之间的差距，从而激发被评估教师优化教学活动的积极性，从而不断提高教师的教学水平。当前，绝对评价法是教育教学活动中使用较多的一种评价方法。

2.相对评价法

这种评价方法是从被评价对象中选取某一个作为评价的标准，而不像绝对评价法那样另外制定客观的衡量标准，然后以这个被选定对象为尺度，逐一与其他评价对象对照，从而区分出差别，排出名次，分出高低。这种评价法可比性强，简单、易行。缺点是评价的目的仅局限于在被评价对象中分出高低优劣，而这种高低优劣亦仅局限于这个被评价的特定群体，离开了这个群体，就不再有比较的价值，所以局限性较大，适用范围不广。

3. 等级评价法

所谓等级评价法，就是以等级作为评价的结果。即预先将评价结果分为一等、二等、三等或优秀、良好、合格，每个等级若干名，然后用统一的标准，逐一与被评价者对照，再将对照后的成绩按预先设定的等级标准分出等级。这种评价方法标准统一，简单易行，在竞赛性活动中，尤其在无生上课评价中，常被广泛采用。

4. 评语评价法

评语评价法就是用书面评语来表示评价结果。它不按评价结果对被评价者排出名次、分出等级，只在评价中写出每个被评价者无生上课的优点与不足，或提示未来努力的方向。这种评价方法对帮助被评价者提高上课的水平有很大作用，缺点是不能显示被评价者之间的差距，无法排出名次，所以竞赛往往不采用此种方法进行评价。

以上四种评价方法，各有各的优点，也各有各的局限性与适用范围。在实际竞赛运用的时候，通常根据不同的评价目的，将几种评价方法结合起来使用，以便扬长避短，发挥综合效应。

五、如何指导小学教师参与竞赛

（一）拆解指导文件要求

对于青年小学教师来说，每一次参与竞赛就是一次专业成长的好机会。因此，对于青年教师而言，教育教学技能竞赛能参加就一定要参加，既是历练自己的机会，也是和同学科的教师互相切磋、互相认识的好机会。教育教学技能竞赛一定有相应的文件解释竞赛的规则，因此，在参加比赛之前一定要先仔细阅读并领会文件精神。可以从以下几点入手，指导小学教师参与竞赛。

1.活动是一次性的还是分阶段的

教育教学技能竞赛，往往是分阶段的，当竞赛中涉及多个环节时，要对每阶段分清主次，规划好精力。

2.重点关注时间节点

很多青年教师喜欢随大流、模仿其他人，这是非常不可取的，要正确认识自己的能力，在互相借鉴的基础上，准备出属于自己的一套方案。

3.标注文件中关键的考点

一些文件会很明确地规范主要考察哪几个方面，那么在备考时，教师要根据自己的规划，对每一部分都要关注到位，不可自乱阵脚。

（二）查找资料

拆解完文件之后，指导参与竞赛的小学教师搜索资料，把自己能搜集到的资料分门别类地加以整理，根据文件去找相关资料，寻找成熟老师参与竞赛留下的相关影像，认真学习、模仿，取其精华。

（三）运用多样化的方法

指导小学教师参与教育教学技能竞赛时，为了避免青年教师出现眼高手低的情况，首先要告知教师：成人的考试很多都是只有范围。因此，不仅要求教师读书、背书，还要有意识地把书本知识转化成题目备考，通过读、写、画、背、做试卷等不同的复习策略，形成对知识的加工记忆。

不断地磨课、练课，培养综合能力，不断地提升自己的教育教学技能，在教育教学技能竞赛中取得好成绩，同时，通过竞赛提高自己的专业素养。

第五节　校本培训发展路径

小学教师校本培训的根本着力点就是提高受培训教师的师德素养和教育教学业务能力，为提高小学教育教学工作质量奠定基础。小学教师校本培训往往从师德教育、基本技能提高训练、现代信息技术学习、新课改理念、教育的艺术以及教育科研能力培养等诸多方面对小学教师进行了培训。在校本培训中，对教师的专业精神、专业态度、专业知识和能力等关系到教师专业发展的方方面面给予全方位关注，如教师的敬业精神、负责任的态度和成长目标等。通过对普通教师与专家的比较表明，教师的知识不仅有量与质的差距，更重要的是结构优化。因此，想要将校本培训作为小学教师自我发展的有效途径，教育相关部门以及学校领导必须形成一套高质量的教师培训体系，常见的路径如下。

一、成立校本培训组织指导机构

为了保证校本培训由专门的人管理，学校应设立专门的校本培训组织管理机构，通常这个机构由校长担任校本培训组长，副校长担任副组长，校长和副校长也可以作为校本培训的专门参与成员。此外，学校还可以成立青年教师校本培训咨询小组，将培训工作与工作管理紧密联系起来，有利于工作的正常开展。同时，专业组织与相关团体组织的有机衔接，不仅取得了成效，而且提高了效率，减轻了管理者和青年教师的负担。

有条件的学校可以设立专门的校本培训办公室，选择有经验的中高级教师负责。

二、制订计划，使校本培训活动有序进行

计划是工作目标和工作理念的产物，也是学校做好学校教育教学工

作的保障。它具有前瞻性、规划性和可操作性。学校培训应该怎么进行，可以借鉴其他地区的先进经验，结合学校教师的现状和物质条件。学校培训工作思路是怎么设计的，管理者一定要提前知道。学校培训计划包括培训目标、培训内容、培训时间、培训形式、培训过程的组织和控制以及培训结果评估的规划和注意事项。培训计划既要体现先进性，又要体现可操作性，与学校的实际情况相吻合。

校本培训计划的制订应注意处理好以下几种关系。

（一）处理好长远规划和短期计划的关系

学校通常应该有一个教师专业发展的长期计划，至少是一个长期的三年计划。校本培训中既要有长期计划，也有短期计划。短期计划是每个学年和每个学期制订一个实施计划。实施计划要切实可行，指导思想明确，分析形势准确，培训内容切合实际，操作措施具体，确保学校教育工作有序开展。

（二）处理好共性培训和个性培训的关系

由于学校教育是由学校这个基层单位组织的，有着服务于教师可持续发展的目的，因此不同学校的教育工作存在共同点。例如，常见的内容通常都是：改进教师的教育理念，改变和提高教师的专业技能。

学校教育可以促进教师的人格发展。如果教师实行统一的培训内容、统一的教材和统一的教学方案，其人格特质就不能得到充分发挥，难以实现发展的共性和人格特殊性的统一。因此，应在满足共同需求的基础上，致力于促进教师的个人发展，形成不同教师独特的教学风格和特色。培训时要注意校本培训内容的共性和个性。

根据教师的年龄现状，可以划分不同的等级，制定不同的考核标准。例如，教师可以按年龄分为骨干（45 岁以上）和基层（45 岁以下）。骨干层次的目标是通过培养一批学科教师，改善教学能手和骨干教师相对短缺的问题。基层层次的目标是通过培训适应教育教学的新需求，使整个学校的工作水平和教学质量得到显著提高。

又如从培训课程角度可分为必修课和选修课。顾名思义，必修课必须人人参加；选修课由教师选择参加。由于每位教师都是独一无二的，教师培训学习本来就是一种充满个人意愿的活动。每位小学教师都以独特的生命个体身份参与活动，他们的学习需要迸发出创造力的火花，展现出个性的光辉。

（三）处理好培训内容与培训形式的关系

要想有计划，就需要对培训内容进行规划，比如进行如下安排：

我们将学校校本培训的内容划分为职业道德、职业能力、教育学知识和文化教育四个方面。各个板块进行了科学的分解和整合，如将专业技能分解为基础训练和实践训练。基础训练包括三字一话、三机一幕、现代教育信息技术等训练。实践培训包括面授课程的设计、课程的组织和班务管理。实验培训课程包括实验操作和论文写作。文化能力培训包括课堂培训、文学和艺术鉴赏培训等。

不同的培训内容应采取不同的培训形式，如以讲座、报告为主的培训内容比较适合专家讲座形式，实操培训比较适合互动参与培训。

（四）培训计划应做到"五结合"

"五结合"，即自学与讲座相结合，"请进来"与"走出去"相结合、自我钻研与拜师学艺相结合，专题研究与教学比武相结合，理论研究与成果交流相结合。为了使校本培训计划能较好地实施，在制订校本培训计划时应尽可能和学校整体计划相一致。

三、为教师创造"学习型学校"的良好环境而努力

要把学校办成学习型学校，校长要摒弃师资是主管或业务部门培养的观念，树立学校是第二师范学院，教师是靠学校培养的观念。为此，学校要为教师创造学习进步的有利条件和人才发展的机会。

（一）为教师提供必要的学习资料

一些学校虽然在基础设施上花了不少钱，但不愿意增加对教师培训的投入。学校有图书馆（室）、阅览室，学校订阅了十几本政治刊物，订阅了少数商业刊物，却几乎没有订阅教育教学的专业刊物或者相关的专业书籍。在这样的环境下，教师发展和学习是极难的。

其实，教师的在职学习是一种免费培训，我们都知道教师外出学习或脱岗学习时往往会花很多钱。当教师可以从自己的工作中学习时，学校就能以较少的投入获得较高的回报。因此，为了给教师创造良好的学习环境，学校应该愿意在此方面投入。可以说，今天学校为教师创造了良好的学习条件，良好的学习环境，提高了教师自身的素质，明天教师才能对学校的教学质量的提高做出更大的贡献，这是一个有远见和明智的决定。

（二）为教师施展才华搭建平台

教师自身具有强烈的自我发展和自我提升的愿望以及自我超越的能力。对于教师来说，每个教师都想成为一名优秀而成功的教师。那么学校领导要了解教师的心理，搭建平台，满足教师自我超越、施展才华的需要。具体方法如下。

1.开展学术研究活动

组织教师学术研讨会、开展学术沙龙活动、举办教师展示活动等。

2.明星教师评选

学校应鼓励教师以专业的眼光看待他们的每一项工作，这样他们才能成为明星教师。例如，可以根据教师的学科领域选择"教学之星""研究之星""教育之星"等。

3.命名教师的教学法

就像李吉林的"情境教学法"、邱学华的"尝试教学法"一样，当老师独创出有效的教学方法时，学校可以为他们的教学方法命名，并帮助总结和推广他们的经验。

4.鼓励教师总结经验

写学期论文、总结和分享教育教学经验和科研成果，可以促进教师之间互相学习并共同进步。

很多老师工作了一辈子，积累了丰富的教育教学经验，但由于缺乏组织和及时的沟通，一些宝贵的经验在他们退休后就浪费了。这是智慧的丧失。因此，学校应鼓励教师写论文、写教辅，总结和记录教育教学经验。

（三）建立必要的校本培训规章制度

要使校本培训成为学校工作不可分割的一部分，而不是像一阵风刮过就离开了，就必须建立必要的规章制度，并将其制度化、规范化。

校本培训制度包括学习制度、评价制度、奖惩制度等。当然，这些制度建设要加以引导。工业时代的传统管理是通过"制度＋控制"使人勤奋工作，而当今社会瞬息万变，则要求管理用"十项激励方法"使人更聪明地工作。

（四）建立教师校本培训档案

建立教师校本培训档案有以下好处：第一，它可以激发教师参与培训的积极性；第二，它可以为教师的交流和学习提供第一手资料，为充分普及教育教学经验准备条件；第三，它可以用来评价教师，为今后教师的晋升提供依据。

档案管理包括以下四个方面。

（1）收集。学校应指定专人及时收集和归档每项培训活动或各级别的教师业务记录。

（2）整理。学校要为每位教师设立公文包，及时整理收集的档案材料。

（3）保管。为了防止教师的业务记录丢失或损坏，学校应妥善保存。

（4）利用。建立档案的目的是使用它们。因此，学校在评价教师时，要重视档案的作用。

第五章　小学教师专业发展实证探索

第一节　教师专业发展基地建立经验

教师专业发展历经几十年光景，如今回首过去，小学教师的专业发展之路有许多宝贵的经验，至今回看，仍然能从中吸取精华。本章将以深圳经济特区的教师专业发展基地为例，分析教师专业发展基地的建设经验。

深圳经济特区自成立以来，重视教育事业，立志改革推进教育事业发展，深圳经济特区率先成为广东省教育强市和推进教育现代化先进市。为了实施科教兴市、人才强市的发展战略，深圳市紧紧围绕教育改革发展的核心任务，紧紧围绕培养高素质专业教师的战略目标和"以人为本"的理念，为所有教职工提供培训。在着力提高教育质量、师德修养、中青年教师教育教学能力的基础上，加强基础教育建设，深圳市将焦点置于新教师、名师培训上。最终，深圳市凭借扎实的师资培训体系，造就了一支高素质的专业教学团队，为深圳市发展提供了强大的智力支持。

一、教师专业发展基地学校的实践探索

深圳市政府为解决教师专业化培训中遇到的困难，参考借鉴美国教

师专业发展学校的建设理论和实践经验，结合中国北京、上海等地区教师专业发展学校的先进经验，开始尝试与探索深圳市教师专业化培训改革。尝试创建中小学教师专业发展基地，培养适合深圳市学生的新型专业教师。

为确保深圳市中小学教师专业发展基地顺利落地深圳，相关负责人深入全国各地学习先进经验，并针对深圳市各个中小学展开调研工作，了解并分析教师专业化发展过程中现存的问题。最终在听取多方意见后，制定了《深圳市中小学教师专业发展基地学校创建办法（试行）》。经过民主讨论、民主评审等必要环节后，深圳市建立了首批中小学教师专业发展基地学校（以下简称"基地学校"）。

基地学校具备深圳特色、鲜明的师资、优良的管理规范等特征。基地学校是在结合深圳实际教育情况的基础上，拓宽中小学教师专业发展渠道，聚焦中小学教师教育，与高等院校达成合作，最终形成研、教、训合一的培养模式，促进教师专业化发展。

基地学校面向中小学教师，承接中小学教师专业发展的实习、跟岗、实践等任务，主动承担为深圳市培养优秀教师的责任。

被评为基地学校的中小学均为市一级以上的学校，在团队建设上，拥有一支与相关学科培训项目相适应的、具有创新精神和实践能力的骨干教师团队。每个学科培训项目的团队成员至少有区级骨干教师3名，以本校学科骨干教师为主，同时吸收省、市、区的学科名师及专家，集中群体教育智慧。

基地学校专业打造与教学实践紧密相连的学科培训。每个基地需在明确培训学科项目后，提交相应的项目培训方案。项目培训方案需在每年上半年接受深圳市教师继续教育领导小组办公室组织的课程评审。在每年9月份，由深圳大学师范学院统一挂课，指导教师选课。

二、教师专业发展基地学校的实践意义

（一）实现教师继续教育重心向学校转移

教师是进行教育改革、教育发展、教育研究和最终教学实践的关键因素。有效和可持续的教师发展，是学校教育教学活力的源泉。因此，教师教育的改革呈现出的趋势为：教师教育的重心向下转移，从单纯地以高校教师作为教师教育的基础，转向以中小学教师作为教师教育的重要基础。结合中小学教育实际，密切练习，开展中小学师资培训。

基地学校的建设正是契合我国中小学教育和教师教育的现实需要，积极响应教育转型及顺应教师教育改革和转移重心的趋势。基地学校的建设拓展了现有中小学教育的功能，为全市培养新型教师，创新教师教育理念，更新教师教育，鼓励教师在真正的中小学教育环境中，实现教师专业水平的不断提高。

（二）优化教师教育互联互通格局

一是基地学校的建设有效缓解了现有教师专业发展基地数量的不足。新增 50 所深圳教师专业发展基地学校，教师培训资源显著增加。

二是基地学校的建设带来了布局上的重大变化，不仅有市局直属，而且延伸到各区。基地学校的分布考虑到区位优势，尽量让每一个基地学校辐射到当地的学校，让该地区的学校教师积极参与教师培训。同时，将学习时间安排在工作日，缓解了教师的学习压力，有效缓解了工作与学习的矛盾，极大地调动了教师参与教师专业化发展培训的积极性。

（三）真正归还教师学习的自主权

对基地学校的课程建设而言，备课体现了集体教学的智慧。小组成员围绕中心主题，凭借在教学实践中获得的教学智慧，整理出更好的设计思路供大家分享。这样的课程建设形式，广泛地调动了小组成员对问题研究的兴趣，形成更好的研究性学习。在这一过程中，最大的好处是

通过教师之间不同思想的交流和灵感碰撞，可以丰富彼此的思想，提高个性化思维方式并增加思维开发方法。

基地学校激发了课程制定者的研究意识和学科意识，他们大多是有相似经历的一线教师，有很多思维和方法，可供教师共同探讨。

课程设置是针对教师教学实践需要而创建的，丰富且贴近教学实践，既将教师学习的主动权还给了教师，也创造了满足教师学习需求的专业学习教育课程。在学习过程中，教师积极运用各种知识储备，激发自身灵感，反思教学实践，进行有效比较，借"他山之石"改进教学方法，提高教学效率，有效地促进自身专业发展。

（四）有效发挥"名、优、特"教师辐射带动示范作用

深圳市吸引了来自全国各地志存高远、爱岗敬业、淡泊名利、乐于担当、乐于奉献、对人民教育忠诚的教育领军人才。深圳市一直重视"名、优、特"教师的辐射带动作用，但效果不是很好，因为作用有限，辐射范围窄，教师数量有限。

要把学校建设成为教师专业发展基地，必须充分利用当地"名、优、特"教师的有利资源，充分发挥"名、优、特"教师或学科带头人的辐射作用，增强教师软实力、帮带实力。基地学校将"名、优、特"教师凝聚成一个具有更大实力和资源优势的名师群体，释放巨大能量。

（五）助推校本研修更加到位

学校是教师专业成长的最佳场所，学校教育教学实践是促进教师职业可持续发展的必要条件。有远见的学校领导特别关注校本教育在促进教师专业发展、为学校教师专业发展创造机会、搭建教师发展平台以及制订周密的校本培训计划和实施计划以帮助教师专业成长方面的作用。然而，也有一些学校领导忽视教师专业发展的重要性，将注意力转向学生的教学方面，认为只要学生在考试中取得好成绩，教师就是具备胜任力的教师，他们不关心教师的个人发展，校本教育也较为缺乏。

基地学校本身就是办学示范学校，对全市办学起到示范和传播作用，

真正有效推动办学发展。基地学校明确校长为第一责任人，他们既承担着为学校寻找专业发展教师的任务，又承担着向周边学校辐射资源、培养校外教师的任务。基地学校开设的课程通常是以典型的学校培训经验为主，他们总结在学校培训实践中的有效经验，并加以提炼和改进，形成教师的进修课程，大力促进教师专业成长。

第二节　"县管校聘"机制探究

"县管校聘"是深化教育体制机制改革，落实学校用人自主权利，为师资队伍建设提供制度保障的重要举措。"县管校聘"是根据教育发展的需要，强化县域统筹功能，在教师之间进行适当的交流和轮换。"县管校聘"实质上真正实现了促进县域内师资均衡配置，有利于进一步加快实现教育公平，努力办好人民满意的教育。

"县管校聘"作为一项解决小学教师资源分配不均的政策，与其他解决同类问题的教育改革政策具有相同的目标，也有不同之处。"县管校聘"成为均衡义务教育发展的助推力量和补充，是促进小学教师专业发展的重要途径。

另外，该项政策提出时间较短，虽自 2015 年就在部分区县建立试点，进行实践检验，但仍需结合具体地区情况进行落实。"县管校聘"改革积极进行，最直接的意义就是落实义务教育教师队伍"以区为主"的管理体制，建立教育部门统一管理、学校按岗聘人、教师有序流动的用人机制，切实增强教师队伍内在活力，帮助各类学校缓解教师资源紧缺的现状。

一、实施"县管校聘"的背景

在国家层面看，在政府积极促进教师流动的背景下，提出了"教师定期交流"的概念，采取切实可行的政策，鼓励教师实现与学校之间的交流教学，促进校区之间的中小学教师交流。

《国家中长期教育改革和发展规划纲要（2010～2020年）》中明确规定建立健全义务教育学校教师和校长流动机制。2012年印发的《国务院关于加强教师队伍建设的意见》（国发〔2012〕41号）提出建立县（区）域内义务教育学校教师校长轮岗交流机制，促进教师资源的合理配置。大力推进城镇教师支持农村教育，鼓励支持退休的特级教师、高级教师到农村学校支教讲学。

2014年，印发了鼓励教师流动的专项指导意见，即教育部、财政部、人力资源和社会保障部联合印发的《关于推进县（区）域内义务教育学校校长教师交流轮岗的意见》（以下简称《校长教师交流轮岗的意见》）。《校长教师交流轮岗的意见》提出全面推进义务教育教师"县管校聘"管理改革，加强县（区）域内义务教育教师统筹管理，突破教师交流轮岗的管理体制障碍。此后，陆续推出更多关于"县管校聘"的政策。

二、"县管校聘"的具体内容

（一）"县管校聘"的实施目的

"县管校聘"的实施是以促进教师交流为背景的，其实施的目的是盘活县（区）域内教学资源，实现教学资源的均衡分布，进一步促进县（区）域内教育均衡发展，最终实现教育公平。

从社会学角度来看，社会地位的变化必然导致社会成员所拥有和控制的相关权力、累积财富、社会声望等一系列社会资源的变化。根据流动中方向的变化，教师流动分为"向上流动"和"向下流动"。中国有句俗话"人往高处走，水往低处流"，教师的自然流动属于"向上流动"，主要表现为教师选择从农村流向城市，从贫困地区流向发达地区，从薄弱学校流向重点学校，从私立学校流向公立学校。

素质高、教学水平高的优秀教师，更容易"向上流动"。因此，在乡村或者薄弱学校的精英教师，往往出于寻求更好的工作环境、自我发展需求等原因离开原有的学校。在这种社会背景情况下，农村学校的优秀教师或薄弱学校的优秀教师，正以前所未有的速度流失，这种教育资源的流失对于区域来说是极为不利的。地区迫切需要制定相关政策，帮助农村和薄弱学校留住优秀教师，为农村学校或者较为薄弱的学校提供资源，为农村和薄弱学校学生创造公平的教育环境，促进农村和薄弱学校快速发展。

"县管校聘"政策的出台，旨在让优秀的教师"向下流动"，帮助农村学校或者薄弱学校改善现状，鼓励优秀教师为农村学校、薄弱学校教育贡献力量，实现教师优质资源均衡配置。

（二）"县管校聘"的执行策略

"县管校聘"不是单靠教管部门的努力就可以实现的，"县管校聘"是需要多个相关职能部门的团结协作来推动。"县管校聘"的具体实施策略：要求县级教育行政部门会同有关部门制定县（区）域内教师岗位结构比例标准，公开招聘和就业管理政策、教师教育培训计划、教师绩效考核和教师薪酬待遇方案，规范人事档案管理和服务，学校与教师签订聘用合同，依法负责教师的调配和日常管理工作。相关部门形成一个共同的实体，共同促进校长教师交流轮岗工作顺利推行。

（三）"县管校聘"的具体推进思路

由于"县管校聘"不是某个部门独立完成的，"县管校聘"这一政策涉及多部门联动，因此，政策实施的第一阶段是经验探索阶段。"县管校聘"政策实施面临诸多问题，要从试点开始，通过尝试，稳步推进。

在国家层面，要推动建立义务教育"县管校聘"教师队伍建设示范区，各市也要因地制宜，大胆探索教师管理新机制。

2014 年教育部组织开展第一期"县管校聘"系列活动，取得了一些宝贵的经验和显著的成效。2017 年 3 月，为深化"县管校聘"管理改革，教育部组织开展新一轮"县管校聘"管理体制改革示范区的申报工作。

根据示范区发展情况，汇集和推广各地成功经验，全面推进"县管校聘"管理改革，为校长教师交流轮岗提供切实可行的制度保障和运作策略。

（四）"县管校聘"的具体操作内容

1. 校长交流轮岗

以校长队伍综合改革为基础，推进校长交流轮岗工作。一是除任期目标考核连续3年优秀的校长外，其他校长、园长全部解除聘用，重新参加竞聘。二是实行去行政化管理。对新竞聘上岗的校长，实行校长职级制、任期目标责任制和交流制。三是对在同一所学校连续任职满两届（6年）的校长、园长，原则上全部进行交流轮岗。

2. 教师全员聘任交流

小学教职工全员聘任工作每三年一轮。在聘任过程中，一是各学校根据主管部门核定的编制数，制订本校的聘用工作方案，合理设置岗位。二是各学校教职工依据本校岗位设置、应聘条件和个人意愿提出竞聘申请，参加相应工作岗位的竞聘。三是各学校按照程序开展竞聘，竞聘上岗人员签订聘用协议，由校长颁发聘书。四是对于在本校落聘的人员，由教育局统筹安排，通过异校安置方式，交流轮岗到新建学校或缺编学校工作。

3. "名师带动"交流

为了尽快打造高质量的学校教师队伍，推动新建学校快速发展，实施"名师带动"工程。通过给荣誉、给待遇、优先评聘职称等措施，鼓励旧区学校名教师到新区新建学校以及薄弱学校任教，名师流动引领带动了其他教师的流动，学校管理和教学质量将会受到社会的广泛认可。

4. 集团校内交流

为了充分发挥优质学校的办学优势，实施集团化办学，采取在同服务片区内，由生源较多的一所学校与生源较少的一所到两所学校组成一个集团校，实现优质教育资源共享。总校校长根据总校及分校年度招生及发展需要，在集团校内统一调配教师，有力推动了优质义务教育均衡发展，集团内部的交流实现了小学教师专业化水平的提高。

三、实施"县管校聘"的积极意义

（一）"县管校聘"是促进教师专业发展的有力手段

"县管校聘"的实行，实质上造成了教师无校籍管理，突破教师之间交流的体制壁垒。教师受到区教育行政部门全面领导，教师由学校聘用，使教师从"学校教师"转变为"系统内教师"，打破教师交流轮岗管理制度的壁垒。学校校长和教职员工都成为交流的主体，以考核标准为教师安心从事教学提供了制度保障，调动一线教师参与校际交流的积极性，为教师不断成长提供长效机制。

在教师流动过程中，一方面，更高职称教师从城市学校向农村学校流动，从优秀教师集中的学校向相对薄弱的学校流动，对促进教师专业发展起到了引领和示范作用。乡村教师和来自薄弱学校的教师，可以通过交流的机会向先进优秀教师学习，提升自身教育教学技能，将现代教育技术融入教育教学实践中，促进乡村教师和薄弱学校教师的专业发展。另一方面，城市教师或优秀教师，为履行帮助、带领乡村教育和薄弱学校教师的教育发展的职责，必须不断提高专业知识和专业技能，虚心学习，积极引导乡村教师和薄弱学校教师的专业发展。在这个互动的过程中，专业发展的水平自然而然的提高。

通过开展名师"县管校聘"活动，充分体现名师示范引领作用，促进优质教师均衡发展与相互交流，引导教师从"教学为主"向"教研为主"转变，促进教师和学校领导的专业发展。

（二）"县管校聘"是均衡城乡教师资源、实现教育公平的助推器

"县管校聘"的着力点就是以体现区域、城乡之间和校际的均衡配置为导向，鼓励教师"向下流动"、城镇教师向乡村或薄弱学校流动，为乡村和薄弱学校补充优质教师资源，打破教师的使用权限，在政策层面

更有效地促进教师在区域、城乡之间和校际的公平均衡配置，促进乡村学校、薄弱学校健康发展，保证乡村学校或薄弱学校学生享受公平优质教育。教育部进一步加大教师交流轮岗方式的改革创新，要求校长教师轮岗交流与优质校长教师资源共享相结合，采取定期交流、跨校竞聘、学区一体化管理、学校联盟、名校办分校、集团化办学、对口支援、乡镇中心学校教师走教等多种途径和方式，重点引导优秀校长和骨干教师向农村学校、薄弱学校流动，提高校长教师轮岗交流的实效。这种教师队伍管理体制的创新，让所有教师体会到被尊重的感觉，使教师在公平中获得幸福感，激发专业成长动力，提高立德树人质量，办好人民满意的教育。

四、"县管校聘"改进策略

"县管校聘"在促进区域教师管理和教师资源均衡配置方面一直发挥着重要作用。本书根据试点的具体实施情况，在系统总结存在问题的基础上，提出一些建议。

（一）加大宣传力度，增进教师对"县管校聘"的理解和认同

任何新事物都必须先得到相关人员的理解和认可，这样才能加强认同感，然后才能顺利地执行。实施"县管校聘"也是如此，首先要加大教师的宣传工作，向广大群众说明实施"县管校聘"政策的重要性和必要性；其次要进一步加强学校管理，提高教师对"县管校聘"制度的认识，增强认同感和参与感，激发教师的主动性和积极性，最后要进一步推进"县管校聘"制度化和教师流动的常规化。

在扩大宣传的基础上，积极落实配套联动。根据工作实际需要，为"县管校聘"政策配套制定具体的执行方案与实施细则。为切实、细致地落实"县管校聘"政策开展交流工作，向各校发放宣传文件，了解各自专业的未来发展需求，提高政策实操可行性。

（二）完善人事制度，县（区）教师实施统一管理

实施"县管校聘"制度，体制机制创新和师资制度改革为政策执行的重点，也是推进教师交流的关键。将教师纳入教育局直接管理的范畴，将教师编入教师大系统，突破了阻碍校长和教师交流轮换的管理体制。教育局将教师的薪酬比例、人员比例和职称考核聘用纳入统一管理，统一区域学校教师分配标准，统一区域教师福利待遇标准，有效实现教师"无校籍管理"，实现教师从"学校人"到"系统人"的转变。

对中小学教职工岗位实行"总量控制、动态调整"管理机制，教育行政部门定期审核编制，每年根据全区生源变化和教育教学改革的需要进行调整。每个学年，教育行政部门制订新教师补充计划，按照师资结构分配到各学校。教师根据实际情况选择学校和岗位进行交流轮换，建立区域师资，并且执行定期交流轮换长效机制，鼓励优秀教师向相对薄弱的学校流动，逐步实现区域师资的均衡分布。

（三）加强调查研究，增强部门合力

在"县管校聘"实施过程中，以山东省为代表的"省级统筹、市级领导、县级为主"教学团队建设的"山东样本"带来了诸多启示值得其他地区参考、模仿。为了有效推进"县管校聘"，政府必须率先高度重视教育工作，真正做到充分有效地协调教育、人力资源社会保障、财政等职能部门。牵头建立相关职能部门，并且主动联系上下级及各职能部门，真正做到多部门合力加强师资队伍建设，确保职能部门机制健全，得以全面推进教育改革。不仅如此，相关部门必须深入研究教师交流轮岗，收集工作中的实际问题，组织职能部门深入分析研究问题，寻求更有效的策略化解政策执行过程中产生的问题。形成完善的管理支撑体系，逐步建立统一的岗位设置制度、薪酬福利制度、职称晋升制度、岗位任用制度、教育培训制度、奖惩激励制度与改革相适应。加强政府层面统筹规划，加强本地区教育、人力资源社会保障、财政等部门的沟通协调，明确相关部门职责，做好"县管校聘"工作，各部门各司其职，各负其

责，鼓励多方协作，提高"县管校聘"的落实效果。

（四）健全激励保障政策，引导教师定向流动

优化教师岗位，抓住岗位需求和人员招聘机会，按照"按需设立、竞聘上岗、合同管理、统一管理"的原则，将中高级职位适当倾斜，分配给农村学校或偏弱学校，通过校际竞争招生和整体奖励手段，试图解决多年来不同地区教师资源分配不均和配置不科学的问题，有效促进教师资源的均衡发展。教师在管辖范围内，在改变原有僵化的沟通方式的基础上，通过多种形式的沟通，多方面调配教师资源，促进师资队伍向更合理、更均衡的方向发展。区域内学校可以自主与学科教师沟通，并且根据实际教育教学需要，实现学校之间超编学校教师到缺编学校补充交流。

完善教师流动激励保障机制，将教师交流与绩效薪酬、奖金奖励、优先评选职称评价等直接挂钩，激发教师参与交流学习的积极性，加强对偏远薄弱学校的支持，提高薄弱教师教学水平，促进优质教育均衡发展。

（五）充分尊重教师的选择权，增强教师交流的实效性

在理论层面建立教师刚性流动是可行的，但在具体操作层面，则需要灵活的机制来调动教师的参与积极性。教师交流必须要给予教师选择权，教师拥有充分的自由。教师的自主权体现在让教师自主选择想转入的学校，充分尊重学校领导和教师的意见，认真维护教师个人主张，同时保障了学校在招人方面的自主权。

教育部门必须关注教师流动过程中的相关细节，帮助教师建立对新加入学校的归属感。要让参与流动的教师积极参与制定学校相关政策，在各项管理工作中树立主人翁意识，更好地与交流学校的教学工作结合起来，提高交流的实效性。

第三节　"强师工程"发展之路

为贯彻落实《国家中长期教育改革和发展规划纲要（2010～2020年）》和《广东省中长期教育改革和发展规划纲要（2010～2020年）》，广东省旨在大力加强省内教师队伍建设，从2012年开始，正式全面推进实施"强师工程"。广东省将"强师工程"作为本省内教师队伍建设的核心工程和重要抓手，努力建设一支高素质专业化的教师队伍。"强师工程"为建设广东教育强省、实现教育现代化提供坚实的师资保障。

强国必先强教，强教必先强师。"强师工程"通过实施小学教师学历提升计划、破解教师职称制度实施中的难题、探索义务教育教师"城乡联动、双向提升"以及大力推进市、县教师发展中心建设，构建教科研训一体化的教师发展体系等做法，激活了小学教师队伍管理，使得小学教师队伍结构不断优化，教育核心竞争力明显提升，为全面提高教育质量、办好高品质教育提供强有力的人才支撑。

随着生活水平的提高，人民群众对教育的期待越来越高、越来越多样化。要想进一步推动高质量发展，加快绿色崛起，更是离不开高质量的教育，这是实现人口红利转换、人才培养发展的必然选择。因此，各级有关部门要认真贯彻落实省政府关于"强师工程"的重要部署，把加强小学教师队伍建设作为教育事业发展最重要的基础工作来抓，统筹谋划，加强管理，创新机制，扎实推进教师队伍规模、结构、素质协调发展。通过进一步深化"强师工程"，不断提高基础教育核心竞争力，助推基础教育高质量发展。

广东省推进"强师工程"取得了突出成效，教师队伍建设在方方面面都取得了巨大成效，主要表现在以下方面：教师规模初步满足教育现代化需求；教师队伍结构进一步优化；教师队伍整体素质进一步提升；教师工资福利待遇水平进一步提高。因此，此次"强师工程"留下了许多宝贵经验，值得我们去思考，去学习。

一、广东省实施"强师工程"的经验概括

广东省非常重视教师队伍建设，实施"强师工程"，在具体推进过程中，有很多值得推广和借鉴的典型经验。

（一）始终将教师队伍建设工作摆在重要战略位置

百年规划以教育为本，教育规划以教师为本。广东省各级党委和政府充分认识到教师是教育的最重要资源。只有好的老师才能带来好的教育。因此，他们始终高度重视教师工作，坚持把加强教师发展，放在教育发展优先的战略地位。

"强师工程"全面规划新时代教学主体建设的目标任务，从教学主体建设入手，记录教学工作要推进的重点，进行全面细致的规划。根据省政府相继出台的各项重点文件，始终加强师资队伍建设，实施"强师工程"，为教师赋能。将"强师工程"作为广东省教师教育工作的核心内容，以师资队伍建设为重点，把"强师工程"作为各级教育发展计划的核心部分。为了更好地推进师资力量建设，保障师资力量工程的顺利实施，各个部门统筹协调，促进"强师工程"顺利推进。

加大资金投入，建立"强师工程"专项资金，建立健全了"强师工程"专项资金管理办法和一整套项目管理制度。根据省委、省政府的决策和相关部署，从 2012 年开始，省财政厅每年投入专项资金，实施"强师工程"，加快补充师资缺口，优化师资队伍结构，提高师资队伍整体素质。

（二）项目推动，促进教师队伍素质整体提升

"强师工程"以专项形式实施：在全省中小学教师中，分阶段、分层次组织一流培训项目。广东省中小学"百千万人才培养工程"也是广东省推进实施"强师工程"的重点项目之一。

广东省基础教育系统的专业师资培训，为教师成长为社会认可的名

师、名校长创造条件，搭建平台。在这一工程实施过程中，充分发挥名师、名校长的模范带头作用，活动过程中尝试采取一定手段，引导各地加强中小学骨干教师队伍建设，促进支教队伍的专业发展和提高。

广东省教育部门与财政部门联合组织，共同设立中小学教师教学科研能力提升项目，为中小学教师搭建科研平台，鼓励小学教师和中学教师积极参与教育实践研究。

此外，开展全省名校长、班主任、名师选拔培训，以及积极开展针对广东省骨干教师、优秀教师的专题培训，实现一大批中小学校长、教师整体素质的逐年提升。

（三）激发活力，深化教师队伍管理体制改革

各地教育管理部门必须继续研究教职工管理办法，深化教师管理体制改革，通过不断改革创新，推进教师招聘制度、人员编制和职称管理，平衡教师配置、选拔任用机制、教师评价与激励机制。开展校长职级制度改革，提高校长教育管理水平，规范和完善代课教师管理，补充教师资源，解决教师资源不足问题。

积极探索中小学教师资格定期注册制，打破教师资格终身制，促进教师专业发展的自主性。开展中小学教师职称制度改革，注重师德师风，改变以往重论文重学历的倾向，把招聘岗位向农村和边远地区教师方向倾斜。

一系列管理改革进一步拓宽了中小学教师专业发展的渠道，激发了教师专业发展的内源性动力，坚定了中小学教师坚定献身教育事业的信心。

（四）尊重教师，改善教师工作生活条件和工资福利待遇

高度重视改善教师工作生活条件，提高教师工资水平，提高教师的福利待遇，想方设法为教师解决问题。帮助教师解决生活中的困难，使教师以一种轻松愉快的心态开展教育教学活动。

二、加强教师队伍建设的政策性建议

从广东师资队伍建设来看，广东的"强师工程"为教师的专业发展提供了一份非常好的样本，在此提出一些政策建议，为促进各地教师专业发展提供可操作的参考。

（一）加强政策引领，将教师队伍建设摆在突出位置

中小学教师队伍的前进与发展，将直接促进基础教育不断均衡发展，基础教育从以改善学校环境为重点转向以改善学校环境和加强师资队伍建设并重。

各地区要把加强教师队伍建设作为落实各级教育规划纲要的重要战略工程，不断加大资金投入，制定新的发展思路和工作创新机制，狠抓落实，全力推进师资队伍素质的提高。为实现教育现代化，提供公平优质的教育，提供强大的师资力量。

地方教育行政部门要积极争取得到地方党委、政府和财政部门的支持，进一步加大教学队伍建设专项资金投入，确保教学队伍建设有充足的资金支持，统筹安排各类专项资金的使用。建立专项资金管理办法，规范资金分配和使用制度，实行跟踪管理，不断提高资金使用效率和效益。加大对欠发达地区教师队伍建设专项资金投入，根据当地财政情况统筹安排。

（二）通力合作，加强教师专业发展的基础性建设

着力完善教师专业发展的支持与保障体系。政府及相关部门积极开展中小学教师专业发展需求研究，抢先了解一线教师的真实需求，根据一线教师的相关需求，提供优质资源和服务，并且为各地教师专业发展服务，相对应地提供专业支持和指导，并且可以根据教师实际需求设计出教师培训方案，创新教师培训模式。

各地根据地方教师专业发展目标和要求，结合教师实际需要，制订地方教师教育实施方案，设计丰富的、具有地方特色的教师培训课程内

容，保证教师培训课程结构合理，并积极组织实施。

教师培训内容从领导力培养到中青年教师专业发展，都需要全方位地为教师考虑，加快改革课程体系进程，不断尝试丰富课程内容。加强教师专业发展的支持体系建设，建立省、市、县三级协同支持的教师专业发展体系。建立健全省、市、县、校四级联动的中小学教师培训管理体系，建立和完善中小学教师培训和培养的多方合作机制。师资培训机构和中小学协同发展，致力于培养不同层次的师资力量。

根据教师的实际情况，让各种优质教师教育资源在不影响学校正常教学的情况下，向更多教师个体传播。丰富教师专业发展内容，教师培训课程增设艺术学、心理学、哲学等课程，帮助教师在提高教育教学能力的基础上，进一步发展才能和兴趣。

（三）关注乡村教师专业成长

优质教师教育资源应该走出城市，面向乡村教师。国家高度重视乡村教师的成长和专业发展，专门针对乡村教师的发展，出台相关的政策和文件，旨在保证乡村教师的正常发展。

各地区政府必须紧跟国家的政策导向，加强师资队伍建设，研究乡村教师的真实发展需求，根据乡村教师的真实现状与现存需求，灵活设计课程内容，为乡村教师提供更多优质资源，培养更多优质的乡村教师。

目前，正在组织开展优秀教师、骨干教师等教师教育的专项培训工作，然而通过进一步的研究调查便可知晓：大部分的教师培训名额集中在城市地区，培训名额很少分配给农村学校。乡村教师参加最高水平的教师培训，几乎是一种奢望。城乡教师整体素质差距较大，优秀教师和骨干教师大多集中在城市学校。由于农村教师参与"强师工程"的优质学习机会较少，优质师资培训资源难以真正惠及山区学校、农村学校和薄弱学校的教师。

建立优秀人才到农村学校任教的"绿色通道"，完善农村教师供给机制，支持有条件的地区定期输送基础好、教学能力强的学科教师参与"强师工程"培训，为农村学校提供优秀教师。

鼓励所有社区聘请健康的退休教师到当地农村学校任教。推出"乡村教师专项学习"活动，推出岗位聘用、在线培训、优秀教师下乡等多种任教形式，加强农村教师教学能力的提升。加强农村教师和欠发达地区教师教育信息化培训，特别是组织开展教育信息化技能专题培训，引导学科教学与信息技术有效融合，提高农村教师教育信息化水平和教育教学总体水平。

（四）促进教育均衡，优化教师资源配置

必须统筹推进师资队伍规模、结构和素质协调发展。鉴于农村中小学校的特点，考虑到农村偏远地区的特殊情况，师生比要根据当地的实际需要进行相应调整，确保农村教育的基本需要。填补农村学校学科师资不足，把教师招聘作为主要任务，着力改善教育结构和农村教师年龄结构问题，大力解决农村教师短缺问题。鼓励城市教师到农村中小学任教，同时通过志愿教学补充教师空缺。如果紧缺学科暂时缺乏合格教师，可以在一定基础上选拔一批富余学科的专职教师进行培训，教授紧缺学科，努力帮助乡村学校开足、开齐课程。

建立健全城乡教师定期交流轮岗机制。加强地方教师交流研究，完善义务教育学校校长、教师交流轮岗制度。例如，在城市地区聘用教师时，需要在农村学校有一段时间的教学经验后，才能转入城市学校，以此鼓励教师积极参与交流，均衡配置，盘活教师资源。平衡城乡学校教师资源配置，加强城乡教师交流，进一步完善县（区）内教师有序流动长效机制，引导优秀校长和骨干教师向农村学校和薄弱学校流动，开展交流学习活动。实现师资优化配置，充分激发师资活力，努力整合并且创造出一支高质量和专业的教学团队。

（五）重视教研，实施教师教育科学研究能力提升工程

对于中小学教师而言，研究本身不是目的，但研究的本质是鼓励中小学的教师通过研究深入思考如何开展教育教学。要把教研工作作为区域教育体系发展的重要动力，以教育和科研为依托，促进中小学教师专业发

136

展。中小学教师在开展教研工作之后，将教研能力再次反哺教育实践。

为打造中小学教师科研平台，鼓励教师积极参与科研，建立中小学教师教育科研能力提升工程。针对一个研究课题，以学校学科教研组为单位，组成教育研究合作小组，确定合作研究的课题或问题，整个研究小组进行深入研究，让所有教师都有机会参与教育研究，创造人人参与教育研究的局面。

建立各级教师教育科研体系。注重研究"名、优、特"优秀教师人才的成长规律，形成研究高端人才的体制机制，鼓励高素质教育教学人才总结思考自身专业成长经历，将其塑造成典型经验，助力小学、中学青年教师快速成长，引导青年教师在实践中学习，在研究中发展。

开展学校教育管理研究，参与人员包括学校领导、中层干部和其他具有特定管理职责的人员，主要研究内容包括有效的教育教学管理、学校特色建设与发展、学校人才激励政策、绩效管理等。根据教师自身的专业成长和专业发展现状，对教师自身的专业发展进行研究，研究在某个具体教育教学情境中，遇到的各种困难和问题应该如何解决。争取打破中小学教师教学与教研长期存在的二元对立现象，对教师专业发展进行多层次研究，倡导形成良好的教育研究氛围。

教师要根据自身需要，审慎选择研究的重点和难点，拓展问题研究的广度和深度，深入问题本质，进行多元化研究，深入教育问题。鼓励教师通过教学实践研究，形成系统的研究成果。其主要形式包括发表论文、撰写研究报告和教学反思，甚至创作个人专著。

加大教育科研成果奖励力度，制定绩效奖励规则，对科研能力突出的教师给予适当奖励。完善多层次、高质量的教育科研专业管理体系。

教研人员拥有"教师导师"这一特殊身份，是教学团队中的一个特殊群体，他们的身份虽然也是教师，但他们的工作不等同于其他一线教师，他们是在普通教师身份的基础上，进一步开展教研工作。

随着中小学教师专业的不断发展，教研人员的专业发展在今天常常被忽视，这也成为中小学教育课程改革的瓶颈。为提高对教育、教学、科研的领导力，教师队伍建设应将教研人员专业发展列入教师队伍改革范畴，加强教研人员专业队伍建设。地方教育行政部门要组织建立教研人员专业发展的支持体系，将教研人员发展纳入师资队伍建设体系，并作为重点工作重点关注，为教研人员提供量化培训经费，培训人员要以学科为导向，要跳出学科局限，拓展理论视野，安排心理学、社会学、教育哲学等相关知识和相关理论，旨在拓展教研人员视野，提高教研人员专业素质。最终实现一支理论水平高、教学理念先进、可以指导教师成长的教研人员队伍的建设。

完善各级各类学校的教研体系，建立规范的培训指导机制，将培训指导贯穿于常态化培训、线上学习、线下研讨的全过程，鼓励教研人员完成双重培养任务，即学科教研任务和学科教师专业发展任务，有效整合教学、科研和培训的优质资源。

（六）关注教师生命，保障教师合法权益

保障教师合法权益是加强师资队伍建设的基本要求。中小学教师的个人素质，关系到未来人才培养的质量。各地教育行政部门必须要进一步提高中小学教师工资和社会福利水平，建立教师工资持续增长的长效机制，积极加强与地方财政、人力资源等部门的沟通。经过国家的努力，积极推进中小学教师职称制度改革，为教师创造宽松的专业发展机会。

充分发挥教育行政部门的领导作用，切实减轻教师工作量，减少教师工作负担，缓解教师心理压力。减少针对中小学教育的行政干预和不必要的检查评价，鼓励学校和教师拥有更多的自主权。为教师组织科学、有意义、优质的学习内容，集中组织学习，尽量不占用教师假期。加强对教师的人文关怀，理解教师，帮助教师解决工作、生活中的实际困难，帮助部分教师解决住房问题，提高教师生活水平，赋能教师安心教书，增强教师职业尊严和幸福感。设立教师健康咨询专线，由专业的心理咨询师指导教师进行情绪管理，通过购买服务缓解工作压力，改善教师心理健康。每年组织教师全面体检，提供医疗保障，重视当地大病教师救助工作，帮助解决因病致贫教师的经济困难。

第四节　名师工作室建设探索

一、名师工作室

（一）研究背景

1.根据国家和省中长期教育改革发展规划制订方案

国家和省中长期教育改革发展规划要求全面提高教师的理论水平和实践水平，坚持"导、学、研、用"四位一体的综合原则，充分考虑面对的教学对象的现有发展水平和基本特点，为小学生科学设计安排教学课程。始终围绕着名师的示范开展教育教学工作，以名师为中心，发挥名师效应，起到辐射、引领和示范的作用。通过组建名师工作室，真正为提高基层教师的职业素养、教师的教育教学水平以及教师的学科教学能力保驾护航。

2.在政府教育主管部门指导下建设名师工作室

政府相关部门起到了必要的引领作用，政府旨在搭建教研训多种职能于一身的教师合作共同体。一方面名师工作室的成立，是为教师专业发展提供了平台，另一方面名师工作室的成立也标志着政府在教育领域打造颇具影响力的高层次团队的目的。一旦建立高水平专业化的教师团队，标志着教师不再受原有职业瓶颈的桎梏。

3.新课改要求教师培养路径改革

新课改要求教师加快改革培养路线，不断丰富教师培养方案。教师必须在新的时代背景下，重新感知被时代赋予的新的教师内涵，教师抓住时机，转变原有的课程观、人才观、教学观、评价观等内容。在新课改的背景下，发展名师工作室，实际是对现有集团资源、人才资源、社会资源的一种整合，是对教师培养长效机制的有效探索。

（二）基本内涵

名师工作室本质就是在政府以及相关教育部门的统一领导下，集教师教学工作、教研工作、教师培训工作于一体的教师合作体。针对中青年教师专业素质发展的迫切需要，由政府牵头，以名师工作室的成立作为教师专业发展的前提，以学科为工作室之间的链接纽带，始终以最先进的教育思想作为指导思想，搭建教师专业发展与专业成长的必要平台，构建符合中国特色社会主义社会发展需要的高水平教师队伍。名师工作室是培养教育创新型人才的重要手段，通过教育资源的有效整合，形成以名师为发展中心的教师骨干队伍以及专家研究团队，最终提升教师的专业素质。

（三）建设目标

名师工作室的建设目标主要包含以下三个层面，首先是培养专业程度较高的教育人才。其次是成为一种可以指导和训练学生参加技能大赛的手段。最后是有效改革课堂教学的方式方法，成为教师专业发展的重要基地、指导训练学生知识与技能的操作场、改革教师教学的专门实验室。

（四）建设意义

1.创造教育者的人生意义

用崇高的理想信念、高尚的道德情操、扎实的专业素养、广博的仁爱之心去服务学生成长和社会发展，在平凡的岗位上创造自己的人生价值。名师工作室通过政策引领、理论培训、党史学习、革命英雄故事讲述来培育教师的理想信念和家国情怀，坚定教师的教育信念，提升教师的专业能力。

2.规划小学教师的发展目标

名师工作室应当对小学教师的年龄结构、专业知识储备、教学能力、

140

科研水平、个性特长等进行分析，有针对性地制定递进式成长规则，确立"传帮带"行动方案，帮助他们确立发展目标。高水平的小学教师有责任给予新教师一定的教育指导，实现"集体行走"。

3.明确小学教师的行动方向

"主题式教学"为名师工作室成员提供了学习、交流、探索的方向，引领他们实现创造性的发展，助力他们从优秀走向卓越。

4.明确小学教师的发展立场

要想引领小学教师的专业发展，必须帮助小学教师明晰专业成长的目标和路径，必须帮助小学教师了解专业成长的核心内容，这样才能避免小学教师走弯路。只有深深地扎根课堂，小学教师才能更好地向上生长。随着小学课堂教学实践的开展和理论研究的深入，成员们的教学水平、专业素养有了明显提高。

二、名师工作室建设

（一）改善教师孤立无援的困境

1.引进外联

名师工作室的建设应该充分发挥与外界的沟通作用，主动向相关的专家和同行学习。定期安排专业的教师培训，建立专门的培训班底，提升教师的实际运用能力。教师听取专家报告，开阔视野，学习相关的教学理论知识。

2.自主学习

教师自我规划职业前景，明确自我，积极开展自我反思与教师之间的交流学习活动。

3.构建名师发展的档案

建立档案用于记录参与名师工作室的教师基本信息，以及教师在名师工作室中成长的经历。将参与名师工作室的教师相关学习信息以及培养的全过程如实记录后，开展评估和教学成果验收的工作。一旦名师工作室的相关成员遇到困难，指导名师也可以凭借档案记录，开展相关的帮助和疏导工作。

4.青蓝计划

所谓的青蓝计划就是指教师行业中存在的老带新计划，老教师带动新教师，实现教学相长，通过一定的沟通与交流，搭建新教师与老教师之间的桥梁，成为新教师和老教师沟通的重要媒介。

5.信息化培训

信息化培训手段是一种打破时间、空间、地域限制的有效培训手段。我国顶级名师可以通过信息化培训手段，将其教育理念迅速传播至公众面前。

6.教学竞赛

前文中已经进行相关的表述，比赛、竞赛都是有效地激发参赛者潜能的途径。通过设置相关的教学竞赛实现教学水平的提高，其中名师工作室的名师可以作为评委，参与评审活动。

（二）科研引领

科研引领是对项目的深入研究。具体是指名师工作室可以带领整个团队，对小学教育的相关理论知识进行系统的学习，如关于小学教育的一些现行的研究、小学教育的相关理论、具体的专业教学理论等。切实进行提升能力方面的研究，如开发微课、申报教学成果等项目，切实推动小学教师在教科研方面的能力提升。

（三）活动育人

参加名师工作室的部分教师在知识储备方面的基础比较薄弱，对教学进修缺乏主动性和热情。部分教师身心协调性较弱，具体表现在教学理论知识方面的学习能力差，在实际运用方面的能力也呈现出适应不良的情况。

为了提高教师的整体水平，提升教师在教学方面的信心，最有效的方法就是具体的活动。教师在活动的过程中锻炼自身的教学能力以及展示自己在名师工作室的学习成果。名师在活动的过程中，起到组织和指导的作用。开展的所有教学活动都要让相关的教师积极参与进来，长时间下来就会形成一定的规模和趋势，最后成为一种常态。从实践中可以发现，活动中会有许多的新教师表现优异，这就是推动教育事业不断发展的新力量。

第六章　小学研究型教师培养对策

第一节　研究型教师特征与能力要素构成

教育理论研究可以让专家学者和教师进一步阐释教师研究的领域以及主要内容和方法，最重要的是教育理论研究与教育学研究相结合，教育理论家与实践者相结合，对教育家与教育者进行区分。教育工作者要坚定不移地以学科为主要发展方向，增加教育工作者的理论知识，逐步推动教育学科的专业化，提高教育工作者理论知识水平。

国内的教师应该以如何解决工作中遇到的实际问题为未来工作的导向，增强对于实践问题的研究，逐步形成以培养研究型教师为目标的发展道路，最后培养出教育家而非教育者。这样的分类和区别对于理论研究和实践研究都是有用的，因为它可以帮助教师明确教育的发展方向。

一、研究型教师的特征

教师作为教学活动中的创造者和行动者，应该研究生动教育案例，确定个性化的教学方案。这意味着一个必要的条件——教师的身份必须是研究者，在教学过程中应该以研究实践问题为重任。研究型教师必须拥有以下的某些行为特征。

（一）研究型教师是教育行为的反思者

孔子曾说："学而不思则罔，思而不学则殆。""温故而知新，可以为师矣。"专家学者和教师都非常清楚其中的道理，反思和学习是紧密相连的，两者都是创新不可或缺的重要条件。在两千多年前古人就已明白这个道理，在当今现代社会中，当教育对象有所不同时，则要求教师要根据个人的不同之处进行施教；当教学内容持续更新时，教学过程也要不同以往的重复和机械；当老师被要求对学生个性化教学时，教师也要对自己的教学模式和方式方法进行反思。

反思型教师的观点是由美国教育家唐纳德·舍恩在 1983 年提出的，并在后续持续发展。他用这种方法来描述和发展教师职业中的技能。他认为，反思是指对教学活动中遇到的一些实际问题进行反思，不应该把自己封在象牙塔中思考，是一种教师与实践直接挂钩的研究行为。教师作为教育机构中最前沿的一员，研究和反思工作应该成为其在学校的教学活动中的一部分。学校里、讲堂上、教学行为中的研究是理所应当的工作内容，因此，在一所校园中进行理论知识的研究和在实验室中的实验研究相比较，一线教师研究的相关内容会相对来说多一些，同时做起研究来也更自然，思路更加清晰明了，研究结果也就更可靠。教师进行行动研究、定性研究和对自己教学行为的回顾和检讨，只有反思才能成长，发现教学活动中的不足和问题，寻找和解释现象后面隐藏的原因，才能做出相应的对策，修改教学方案，改善教学方法。可见，反思是教师提高教学水平、促进专业成长的基础。因此，教师需要进行深刻、全面、系统的反思，反思的同时必须立足于研究，没有研究的反思与实践中的教育是分离的，没有反思的研究是盲目的、不明智的、无法进步的。

教师必须时刻对自己在校园中的教育教学活动进行相应的反思，通过不断地反思才可以提高教学水平，也能满足当代社会对教育的各种需求，才能满足充满激情的学生的期望，学生反过来也会帮助教师在教学活动中进行教育实践。只有形成这样的良性循环，才可以帮助教师在理论和技能水平以及教学能力上得到应有的提高。

（二）研究型教师是教育理论的实验者和批评者

目前我国的教育理论与教育实践之间还存在差距，不能相互融合。一方面，教育理论的内容与教育实践相分离，会导致理论内容教条化、应用性差，难以为其实践提供相关的指导；另一方面，在客观因素影响下众多传统教师还在持续地依靠以往的传统和经验教学，对教育理论知识没有深入研究甚至一无所知，无法避免地低估了教育理论，轻视了来自优秀教师的教育经验和教育成就，导致在教学过程中单纯地凭借经验摸索前进，同时思想上墨守成规，重复简单机械的教法，没有创新。

正因如此，我们需要时刻清醒地意识到，理论与实践是双向的，不是单向的。教师在研究中，既不能固守自身发展的教育研究，也不能只是被动地实践教育理论。要以先进思想为指导依据，遵循教育规律，敢于做教育实验，不断创新，通过持续的学习来加深对教育理论知识的理解，敢于用教育实践和自己的教学来检验、修正和发展教育理论。

（三）研究型教师是教育活动的创造者

如果一个教师不进行科研活动，同时没有在教育中有所创新，单纯地热衷于课堂中的教学，说明他只是一个忠诚的讲师，其行为本身不符合当代社会所要求的素质教育，与我国现行的基础教育改革目标也有所违背，学校对于老师的管理不规范，最终导致学校也无法满足社会发展的需要，进而也无法培养出符合综合素质标准、具有一定创新能力的优秀学生。

教师作为在教学活动中的先锋、站在教学改革最前端的一员，从事最新的教育教学生活，这是教师在科研项目研究中的出发点和成长过程，是教师能够进行素质教育、科研探索和专业探究的必备的得天独厚的条件基础。但是，如果教师自己没有终身持续学习的愿望和能力，没有养成思考和探究问题的习惯，就无法实现真正的教育创新。若想成为一名研究型教师，他的创新能力不仅需要直接服务于教育本身，还强调教师需要根据创造性的研究、教学和活动为学生建立起一个创新的思维，学生能够在研究型学习中持续不断地成长，完全沉浸在创新和研究的气氛中，可以唤醒强烈的求知欲和探究精神。

一般来说，研究型教师需要具备良好的素质，如勇于研究、勇于反思、勇于实验、勇于创新。虽然这四个是教师行为的特征，但它们代表了四个层次。从研究到创新是一个不断改进的过程。研究是一个不断试错和积极收集经验的过程；反思是对经验的总结和改进，是对未来的重新规划；创新是新的教学理念、方法和特点的出现和发展。这四种素质在教学实践中往往是不可分割和相互关联的，因为教师固有的四种素质实际上是整合在一起的。

二、中小学教师科研能力要素

（一）基本技能

1.独立学习的能力

通过自主学习，老师可以不断吸收、消化和理解所学的知识，并在过程中不断创新。对于教师来说，需要持续学习新知识，积极获取自身工作所必备的知识，调整自身的知识结构，才会实现自身从传统型教师向研究型教师的跨越。而教师需要学习的内容则取决于未来研究的方向和对知识的理解。一些专家学者认为，人可以获取的知识类型主要包括：关于什么的知识、关于为什么的知识、如何做的知识、知道应该在哪里拥有的知识、知道应该创新的知识。教师要提高自学能力，首先要了解自己需要的学习内容；其次要了解对科学文化知识和专业就业能力的要求以及能够达到的水平；最后要努力实现广泛的专业统一，建立专业发展应具备的知识结构。

教师要提高自学能力，从经验中学习，从研究中学习，成为反思的实践者和研究的行动者，对日常工作中的教学实践进行学习和总结经验，跟上教育研究的步伐。

2.收集科研资料的能力

进行教育和科学研究会涉及数据收集问题，收集科研数据的能力是指认识到科研数据中有价值的部分，采用正确有效的方法收集和整理科研数据的能力。事实上，它也是捕捉、组织和评估各种信息的能力。

收集科研数据对于研究非常重要。真正具有研究功底的教师，必须站得住脚、踏实，能够掌握基础理论文献，对问题有新的视角和思考，理论与实践结合能力要求较强。

3.公开科研成果的能力

科学教育与研究应通过文体的形式揭示研究成果。教师的写作能力直接影响着交流的范围和科研成果的应用程度。要求教师整理通过真实研究获得的新见解、新思想、新方法等，并以教育科研报告或科研文章、著作等形式表现出来，进而更好地展现成果。

（二）发展性技能

1.选择研究课题的能力

选择一个课题是科学研究初期最重要的部分。在如今的教育教学实践中，仍然还有诸多不解之处等待被研究和解决。研究者们需要根据当今社会教育发展的迫切需要，精准研判课题的研究是否需要开展、是否可行，这些都决定了研究的成败。

研究课题的选择必须考虑两件事：一是选取的课题是否有研究价值，存在多大的价值。如果想清楚这一问题，除了需要具备充分的专业知识外，还要及时获取国内外的各种信息。二是自身条件是否充足，包括专业水平、数据等研究资源。

2.处理科研信息的能力

面对海量的科研信息，研究者应该具备相应的信息过滤、识别、分类、分析、评价等能力，利用处理过的信息做出决策和解决问题。

从某种意义上说，国内中小学教育科研过程也是一个基于教育科研信息的获取、掌握、加工和应用的教育问题解决过程。科研信息资料的收集和分析是一种高层次的思维活动，可以锻炼人的理解、比较、分析、综合、归纳和概括能力。

教育信息资源和科学研究的开发利用需要着重关注两点：一是处于教育科研前沿的文章资源的开发和利用；二是挖掘科研资料背后的潜在价值。

3.科学研究和实践能力

实践能力是指教育研究者在进行教学活动时通过使用某些特定的方法和资源，适时地关注教育现象背后隐藏的实质。其中包括但不限于，使用实验仪器设备组织实施各种简单或复杂的实验活动，使用计算机对实验数据进行相应处理，以及使用绘图软件进行设计工作，其中包括科研规划的设计。现代教育研究不仅要求科研人员的理论知识积累量，还需要科研人员有动手操作的实践能力，实践能力是理论转化为现实工作经验的基础。

4.对科研质量进行分析和评价的能力

评价分析能力是指按照社会公认的价值标准，采用规定的程序和方法，对自己和他人的科研过程和科研成果进行客观、公正的评价和分析的能力。科学的评价和分析是推动教师教育研究科学发展的有力工具，是帮助教师促进和实施教育科研成果的必备技能，也是研究者提高科研质量和效率的必要前提。

5.科研成果的推广应用能力

科研成果的推广应用能力包括准确识别科研成果价值、积极采纳科研成果和将科研成果应用于教学活动中的能力。这主要体现在接受新的理论研究成果和新的实践经验，从中获得实践工作思路，并将其转移到自己的教育教学实践中进行实验和研究。

6.从科学研究中进行理论思考的能力

从科学研究中进行理论思考的能力是指从冗杂的教育现象中提炼出特定的教育现象的本质，准确把握问题背后的实质的能力。从基本思想中获得新的认识，善于在理论问题中思考教育的解决办法。理论思维是实践的前提，教育科研项目是否有合理的框架取决于科研人员的理论思维能力。

根据有关专家的研究，理论上的思维能力至少包括以下三个方面：一是透彻的思维，即利用现有的个体知识、理论和科学的思维方法，对研究对象进行分析和透彻理解，提出新的思路。二是综合思考的力量，即通观全局的能力，不仅对事物发展的历史进程和现状、未来发展趋势的大体和一般过程有认识，而且在一般背景下看透研究问题。在大环境中，将不同的观点有机地融合，实现从理论抽象到具体理论发展。三是思维的可迁移性，即适应发展新领域的能力强，不仅可以移植和复制，还可以从理论上思考教育问题。

7. 科研创新创造能力

创新是指敢于并巧妙地突破原有的观念和框架，找到新的解决途径，从新的角度、新的方向提出新想法和新思路以解决问题的能力，即一旦发现新问题，便有解决新问题的能力。

中小学教育研究是一项新的、复杂的创造性活动，其本质就是创造和创新，其目的是提供新思想、新观念、新知识和新方法。从教育和科学研究的角度来看，教育科学发展的核心是充分发挥教育科学人才的创造力。从中小学教育和科研的角度来看，科学教育和科研所需的科目往往既没有现成的经验，也没有现成的模式，需要创造性地分析和解决问题。

教育科学研究重在创新，众所周知创新很难，但是创新是必须且珍贵的。作为一名优秀的科研人员，他的创造力主要表现在善于利用现有的教育学知识，创造性地提出新的教育理念，将新的科研成果应用于教育实践，推动教育实践的发展。科研创新能力是创新思维与创新实践的结合。

第二节　研究型小学教师培养方案

"凡事预则立，不预则废。"（《礼记·中庸》）因此，设计和实施系统的、适当的研究和改革是非常有必要的，在设计和实施相应的改革行动前必须要对行动进行详细的计划。将师范生培养成为研究型教师是一项长期而艰巨的任务，是一项需要全面设计和精心组织的系统工程。服务基础教育课程改革，培养研究型教师，课题组高度重视研究课题的设计与论证。课题组通过论证、开报告会等环节，逐步完善课题研究方案。

一、建立研究政策和协议标准

根据项目研究目标和学校实际，课题组确立了"以实践实验为重点、创新创业突出、学研结合、服务基础教育"的研究方针。为保证项目研究计划的科学性和有效性，课题组可以按照以下六项标准编制了研究计划。

（一）有明确和适当的行动基础

明确和适当的行动基础即最终打算做什么，可以根据自身的能力去实践，也可以通过不断地努力学习去实现计划做的事情。至少在理论上证明是可以实现的。

（二）有系统、全面的行动计划

行动计划的设计要深思熟虑，尽可能多地分析和预测可能出现的情况，制订尽可能多的适当计划。对于可控的活动，必须采取有目的的、有组织的、有效的策略，就像存款准备金一样。不可预见的情况也必须得到管理和关注。

（三）有具体的运营计划

行动计划在宏观层面指的是研究课题或项目，可以粗略制定，抓大放小，但运营计划要具体、周密、清晰，不能制定粗略且空洞。因此，运营计划必须有横向分工和纵向时间要求，便于每个参与研究的人都有施展的机会，也能让执行者明确制订出计划的任务、职责和完成时间，积极开展各自的任务。

（四）有合适的、有能力的团队或合作伙伴的存在

对于一个课题或项目的研究过程，必须由一个强大的团队或小组来共同完成它，并且作为一个整体，团队协作是至关重要的，集体的力量或合作伙伴的帮助可以让研究过程更快地完成。因此，研究团队的形成和发展非常重要。

（五）有足够的人力资源和其他经营资源投入

教育研究和教学不仅需要研究人员的热情、奉献和大量努力，还需要充足的资金、书籍、研究设备和工具来保护它。

（六）有合适的绩效评价方法和反馈控制系统

在计划的实施中，不可能顺利进行，也不可能按照既定的目标完美发展。只要拥有合适的绩效评价方法和反馈控制系统，才能顺利完成研究和改革计划。

二、研究的主要思想和方法

研究的主要思想和方法可以概括为"一个目标、两个领域、三个渠道、四个组合"。

（一）一个目标

"一个目标"是转变教育传统的观念，深化高等教育改革措施，探索研究型教师的培养方式和方法。

（二）两个领域

"两个领域"是理论与实践，既关注研究型学习、教师教育活动、终身教育、学习共同体等理论课题研究，还关注以研究的方式对教师进行培养，并通过实践的渠道对人才提出相应的要求。

（三）三个渠道

"三个渠道"是通过研究型课程学习、科研活动和社会实践三个渠道培养研究型教师。

（1）通过研究型课程学习、新课改讲座等系列学习，培养教师创新意识和研究意识。

（2）开设实验室、增设研究实验、设立科研项目等措施，可以有效锻炼教师的自学能力，提高教师的科研水平。

（3）充分利用专业实践、教育研究、教育学徒制，使教师既能完成原有的任务，又能做好基础教育的研究。为教师提供科研与教育实践相结合的服务，具有明确的定位和方向。

（四）四个结合

"四个结合"表现如下：

（1）基础教育师范院校和科研院所相结合。通过三元组合模式，鼓励高等师范学校教师了解基础教育改革现状，开展中小学教育改革试点研究，做到定位、适应、引领基础教育改革。

（2）开办研究型学习专题课程，将研究型学习方法融入其他课程。增设教育科研方法、研究型教学方法等专业课程，同时选拔数千名教师，在专业课程教学中组织学生进行研究型学习，将研究型教学应用到各门课程中。

（3）研究型学习与社会实践相结合。开展一系列可以由学生实施的科研项目，在学生会中成立科研部门，成立研究型学习协会，制定相应的奖励政策，鼓励在校师生广泛开展一些研究型学习活动，奖励研究型学习成果。

（4）教师教育职前与职后相结合。利用校外的教研基地和学校实践基地，对研究型教师进行岗位培训。

三、引领研究型教师培训项目的方向

（一）中小学教育与研究的基础应以解决中小学教育教学中出现的实际问题为目标

中小学教学与研究、教学活动与科研工作之间都是相互联系却又截然不同的概念，而这之中最大的区别便是中小学的教研。中小学教育中教学任务的主要承担者是中小学教师，教师在教学和研究方面，相较于长期在实验室中的专业研究人员而言，教师能更快地摸清现实中存在的问题并进行富有针对性的研究，以及拥有相应的能力可以迅速将科研成果转化为实践过程，进而解决相关的实际问题。与此同时，教育教学的重要任务也决定了中小学教师的教学研究既不可能也没有必要以建立教育理论体系为主要研究目标。一些研究者却不甘心选择小课题进行尝试研究，他们热衷于研究课程体系、方法体系、评价体系、模式体系、创新体系乃至于 21 世纪创新人才培养规格、21 世纪教育的可持续发展对策等。从实事求是的态度而论，这些集全国的优秀专业人才来研究也须费尽心血的课题，由某所中小学校的学过一些教育学常识的教师或校长来研究，意义不大。中小学教师教育研究的生命力在于贴近实际，在实践中运用，利用相关的教育基础知识解决教育教学中的实际问题。理论知识应成为中小学教学科研的基石。

（二）中小学教研重心要面向学与研

社会正在走向人性化，教育也正在面临着巨大的改变，教育的根本目的是提高人的素质，使人充分发挥潜能。

新一轮基础教育课程改革的核心观念是为任何一名学生的终身发展提供相关的指引并作出明确的表述。在这一理念下，教育教学实践需要从"如何教"向"教什么"转变，从注重单纯的知识传授转变为培养学生的终身发展，从注重教师感受转变为注重学生学习体验。以学生为中心的教育无疑要求教学和研究以学习研究为重心。

21世纪以来，强调学习者对外部刺激的感知被动反应，即把行为主义学习理论作为补充知识的主体，已经让位于对认知主体的内在强调，同时把学生视为信息处理的主体。随着近年来心理学家对人类学习认知规律研究的深入，认知学习理论的一个重要分支——建构主义学习理论逐渐在西方流行起来。建构主义也译作结构主义，最早可以追溯到瑞士的皮亚杰（J. Piaget）。他是认知发展领域中最具影响力的心理学家之一，创立了日内瓦学派。皮亚杰的理论受唯物辩证法的影响，他坚持从内外因素相互作用的角度审视儿童的认知发展。他认为，儿童在成长过程中同环境进行互动时，会慢慢地构建一个对环境的认知体系，从而使他们的认知结构得以发展。儿童与环境的互动涉及两个基本过程：同化和适应。同化是指从外部环境中获取环境信息，并将其与自身现有的认知结构相融合（也称为"图式"）；适应是指自身的认知结构已无法从外部环境中获取信息，只能对认知结构进行重新构建。可以看出，同化是对认知结构数量的扩展（图式扩展），而适应则是认知结构性质的变化（图式变化）。认知个体（儿童）通过同化和适应两种形式实现对外部环境的认知，当儿童能够使用现有的办法或手段来从外部环境获取新信息时，此时他们正处在所谓的认知平衡状态。一旦无法获得新的信息，这种认知平衡的状态便立马被打破，而需要改变或重新获取新的解决方案（适应），这一过程就是寻找新认知平衡的过程。儿童的认知结构是通过同化和适应的过程逐渐建立起来的，并在"平衡——不平衡——新平衡"的循环中不断丰富、完善和发展。这是皮亚杰关于建构主义的基本观点。

基于上述皮亚杰认知理论，科尔伯格进一步研究了认知结构的本质和认知结构的发展条件；斯腾伯格和卡茨等人也强调了个体能动性在认知结构构建过程中的关键作用，以及对如何在认知过程中发挥个体能动性的问题进行了深入研究。建构主义最早是从儿童的认知发展理论演变而来的，因为个人的认知发展与未来的自身学习相互关联，运用建构主

155

义便能够更好地解释人类学习过程中的认知规律，从而说明了人类为什么要持续学习，同时说明了学习是如何发生的、学习的意义是什么、学习的概念是怎样形成的，以及理想的学习环境需要具备的要素有哪些。综上所述，在建构主义的指导下，可以发展出一种新的、更有效的认知学习理论，并在此基础上构建理想的学习环境。在建构主义理论下假定知识并不是由老师讲授的，而是由学生在特定情境（社会和文化情境）中，在他人（包括教师和学习伙伴）的帮助下，使用必要的学习材料构建意义而获得的。"意义建构"在这一理论下是一切学习的终极目标。意义建构是指事物之间的属性、规律和内在关系。帮助学生理解学习的意义，可以让学生更深入地理解目前学习内容中所反映的事物本质和规律，以及这些事物与其他事物之间的内在关系。这种理解在大脑中的长期储存就是已经提到的"方案"，即所学知识的认知结构。所获得的知识量取决于学生根据自己的经验建构知识意义的能力，而不是学生背诵老师所教内容的能力。

教学研究和学习研究有一个主要区别：教学研究是以教师为中心和以教学活动为中心的研究，而学习研究是以学习者为中心和以学生为中心的研究。

从理论上讲，所谓学习研究就是观察学生在学习过程中的行为以及学生怎样高效地把已学习到的知识和技能和新的知识和技能相结合。目前有两种主要的学习研究方法：一种基于现有教育学和心理学以及成功实践的建议模型（研究专家的学习模型）；另一种是基于跨学科研究，涉及教育学、神经科学、认知心理学、计算机科学、人类学和社会心理学等科学。作为一项中小学教育研究，普遍认为它是一种初步研究，即在拥有众多已研究的案例的积累基础上，从教育学和心理学的基础出发，寻找学习规律。这种类型的研究方法更加有效，而研究结果也更加易于传播和应用。

诺贝尔奖获得者利昂·莱德曼（Leon Lederman）提出了一种基于研究的主动学习方法。他认为，学生只通过单纯地听老师讲授，很容易忘记所学的知识，而一旦听与看相结合，就极大地提高了对于知识的记忆能力，只有真正的提高记忆能力，学生才能真正学会知识。听、看、做的科学结合是提高学习效率的一种方法，对教育教学有很大的影响。学习研究是未来教育和研究的重点。在这方面，中小学教研有特殊的条件，可以改变。

（三）中小学教育研究方法和科学研究要以行动研究和各种方法的广泛应用为导向

科学研究推荐实验研究方法，具体的实验研究方法是教育研究方法，但教育研究，尤其是小学教研，受限于研究项目的复杂性和研究人员的水平以及自我和研究条件，实验研究方法难以在实践中应用。适合中小学研究的研究方法是行动研究。行动研究最早由美国社会心理学家库尔特·勒温于 1946 年提出。1950 年行动研究法被纳入美国教育科研领域，1970 年后行动研究迅速发展。所谓行动研究是指根据实际工作中所面临的问题，制定相应的课题，在实际工作过程中对问题进行研究，并配合实践活动，最终得到相关的研究成果。这种研究方式能够让工作者真正地理解、掌握和实施，以解决实际问题，这种研究方式的目的是改善社会行为。

与实验研究相比，行动研究是一种非正式的研究方法，但它是最适合中小学教师的研究方法，因为与一般研究方法相比，行动研究是大多数人可以实施的研究方式，更适合中小学教师使用。行动研究与其他研究相比有一些独特之处：一是以提高行动质量和解决实际问题为主要目标；二是主要的表现形式是通过研究过程与行动过程相结合的方式；三是不断地反思作为实际工作中的基本工具。

行动研究可以使教师在教育教学过程中的研究成为可能，研究成果也能及时用于教育教学，避免科研与实践分离的现象，有效强化科学教育研究的实实在在的效益。同时，将研究融入教师的日常工作，以研究的眼光看待教育，大大提高教师职业的价值。叶澜教授曾激动地说："创造，能唤醒教师职业的内在尊严欢乐！"中小学教师参与教育研究的过程就是创新的过程，教师可以在实际工作中研究问题，而在这个过程中的实践工作也是提高教师专业能力和创造能力的有效途径。当然，行动研究与在自然状态下的工作是不一样的，因为采用行动方法进行研究的教师必须坚持实事求是的科学态度，加强理论知识的学习，提高理性客观的思维水平，并且能够灵活运用定性和定量方法，通过对信息的观测和分析，保证数据在采集过程中的可靠性和有效性，尤其是行动研究中将要使用的数据，不仅要使用观察和调查的方法来诊断现状和发现问题，还要使用实验的方法来改变现状。

（四）中小学教研发展目标要朝着体现个性和特色的方向发展

中小学教研作为一项工作量极大的研究活动，要求研究者必须具有自己的价值观和品质，而价值观和品质必须体现在个性和特点上。所谓个性和特点，是指研究者要有独特的视角、独特的理解、独特的奉献精神，同样有生命力就代表拥有个性和独特。事实上，教育和科学研究要产生成果，从各种研究项目中脱颖而出，确实需要有自己的个性和特点。当然，体现个性、融入特色并不是为了求新，而是在遵循科学教育和研究规律的条件下，在综合分析的基础上，研究自己和他人，从自身出发，根据效益和实际需要考虑，进行有意义的研究，最终形成研究结果。

第三节　研究型小学教师行动探索

一、推进课堂教学改革

课堂是教育活动的场所，是老师与学生教学最直接、最集中的地方。传统课堂以教师为课堂的中心，以教材为教学的基础，以教学活动为主线。教师上课之前，会进行备课活动，设计教案，设定学生的认知发展路径，帮助学生接受和学习知识。在课堂上，教师向学生传授知识，学生根据教师的讲授来学习知识，教师按照预先设定的认知路径指引学生实现教育目标。预先设定认知路径的课堂教学方法有利于知识转移，课堂教学效率也会有所提高，也便于课后的知识评估。但是，传统课堂的教学大多是单向的，学生独立思考的空间很小，教学信息是单向传递。

课堂在教学活动中不仅是传授知识的空间，也是技能训练和展示的舞台。师生之间的交流让学生在互动中成长。美国教育家林格伦曾将课堂上的师生交流分为四种：一是单向交流，老师传授，学生单纯地获取；二是双向交流，老师提出问题，学生可以选择回答；三是多方交流，师生在课堂上可以进行充分的交流；四是综合交流，师生共同探讨研究。在课堂上，老师不应该是唯一的演员，学生不应该只是剧院的观众，老师和学生应该一起表演。老师的角色主要是导演的角色，有时也会作为一名倾听者，但更重要的是主导者。如果老师是唯一一个在课堂上讲授的人，那么教学只会变成一人的独角戏。教室应该是一个大舞台，师生可以在同一个舞台上大展拳脚，教师需要将课堂变成师生互动的场所。打个比方，互动课堂就像是"同一首歌"的舞台，演员和主持人与观众热情互动，一起表演，一起唱歌，让舞台热闹而美丽。如果世界各地的老师，每个班级都只由老师全程讲授，那这样的班级最高也就被评为60分。老师在讲台之上，学生不能动也不能说话，不符合现代教学理念和现代课堂理念。现代课堂理念是师生互动。那么如何互动呢？老师提问让学生回答，学生不回答也可以问老师。课堂互动不仅表现在互相提问，还表现在每个学生都在关注其他学生的问题或答案，并可以在任意时间提出疑问或发言：别人的观点是否正确，正确或错误的地方在哪里，是否自己对于别人的观点有相关的补充说明。

教师必须具备启发学生思考的能力。课堂互动主要是为了启发和鼓励学生。启发式教学的作用就表现在这里。

教学过程是设定与生成的统一。现在教师的教案大多是课前设置的，而课前设置教案在任何教学考核中都不全面。互动课程应该是课前设置课程计划和课后生成课程计划的一个组成部分。课后生成式教案应注意

159

哪些学生在教学过程中提出了哪些问题，以及教师和同学如何回答这些问题；不同班级或同一个班级，在互动课堂上有着不同的个性，有不同的教案。

在传统课堂教学中，教师是课堂上绝对的主导者，一切教学活动都是以教师为中心，学生只是知识的被动接受者。心理学认为，学生的学习不应该是被动地吸收，而应该是在已有知识和经验的基础上构建新知识的过程。学生应该被提拔到主要的学习地位。教师引导与学生学习的关系从自选课堂的角度进行阐释：在一定的框架内，学生可以根据自己的兴趣和能力进行学习，灵活安排时间，调整学习的强度和密度。基本原则是因材施教。就像一个教育超市，教育资源是引人入胜的商品，学生可以自由选择。教学不仅要完整，还要有条理。

我国早就习惯了知识教育的理念，注重师资、教材、讲课。学生在课堂上做笔记，记住笔记并在考试后丢失笔记。这个大家都习惯了，很难改变，甚至一些高校实施的人才培养计划也多以知识为基础，很难促进学生的提高。

学生需要后续培养的技能主要包括学习技能、实践技能和创新技能。对于刚入学的学生来说，仅靠学习技能来学习是不够的。美国心理学家布鲁纳指出，"教学过程是一种提出问题和解决问题持续不断的活动"，思考总是从一个问题开始。建设性技能课应培养学生发现问题和提出问题的能力，找到问题并且能提出问题的学生才是最有前途的学生，不问问题的学生是学习最慢的学生。如果上课没有问题，也找不到问题，这样的课就很无聊，收益也有限。最好的课程是带着问题来，带着答案离开。要培养学生的想象力、创造力和搭建课堂的能力，教师要在课堂上少说、多讨论、多实践。技能课要全面培养学生的自主学习能力、思维能力、表达能力和创新能力。

课堂教学是师生双向互动的过程，师生平等关系的课堂是论坛。论坛意味着言论自由，要让学生自由表达意见，要根据师生的新观念建设和谐课堂。

二、促进研究型学习

（一）开展讲座，宣传基础教育改革和研究的重要性

开展讲座，在全校范围内广泛传播研究学习，鼓励教师开展研究活动，努力成为研究型教师。

（二）组织研究型学习选修课

除了在已经开始实施的基础研究课程外，还将为教师开展并提供跨校的一般选修课程。在研究型学习的选修课中，我们的教学方法与传统方法完全不同。目前正在改变传统的培训模式，让教师在协作小组研究练习中学习研究，并通过研究实践加强研究学习。

（三）引导教师养成反思的习惯

众所周知，研究型教师的特点是对自己的教学活动进行反思，反思是研究的基础，没有反思就没有研究。所以培养教师的反思能力和思维习惯非常重要，为此我们在教育学院开设了实验班，主要是培养教师的反思能力，培养教师的思维习惯，教师反思的内容主要以自己的教学为主。

第四节　研究型教师培养实证分析

一、研究型小学教师案例一

陈洪义老师，中学历史高级教师，广东省特级教师，广东省教师工作室主持人，教育部"国培计划"高中历史骨干教师，广东省中小学新一轮"百千万"名教师培养优秀学员，曾获"全国特色教育优秀教师"荣誉称号。他主持过省级规划课题 4 项，其中重点项目 2 项。他的研究

成果获广东省中小学教育创新成果奖 3 项，湛江市基础教育成果一等奖 1 项。他在《中学历史教学参考》等学术期刊发表论文 60 多篇，出版专著 4 部。他在近十年开展"情思历史"的项目实验中进行了 1000 多节课例实验，课例多次获得省和国家级教育部门组织的教学评比一等奖，多次应邀参加送教下乡活动，曾在扬州、珠海、深圳、广州、韶关等地进行异地观摩授课和讲学，受到同行的高度认可与肯定。

陈洪义老师是一名从基层走出去的研究型教师，他从一名普通教师逐步成为一名研究型教师，他身上的经验与经历值得学习并且推广出去。陈洪义老师曾经表示研究型教师就是相对于任务型教师而言的，就是具有较强的研究意识和研究能力，并能取得较为出色的教学成绩和研究成果的教师。他认为对于一名教师来说，研究远比经验更为可靠。陈洪义老师作为一名教师，是他的领导给了他充足的成长空间，也正是如此，他才能迅速成长，现在陈洪义老师也成为一名指路人，面向新教师，他提出应该如何成长为一名研究型教师。陈洪义老师在开展如何培养研究型教师的主题讲座时，他报告的主要内容如下所示。

（一）建立科学的管理制度和评价制度

现代学校需要研究型教师，而科学的管理制度和评价制度则是培养的重要保证。教师在学校管理中应该享有平等的权利，所做的工作也应该被尊重，良好的人文环境和校园氛围，才能培养出积极向上、热情浓烈的研究环境。而对于教学工作的把关，应该由以前唯分数高低评判的传统思想转变为多维度的评价方法，传统方法不利于教师对自身在日常现代教育理论研究后的反思工作，教师更没有编写心得和学术论文的行为，不利于研究型教师的培养。在现代教育理论下，应该从多个方面考察教师的工作质量，可以既包括学生对于教师教学活动的评价，也可以包括教师的互相评价，让更多的人参与到教学质量评价中，不仅可以提高教师的教学水平，还可以推动校园内研究氛围的形成。需要注意的是，质量评价不单单是对教师的工作情况的一个奖惩措施，其更是对教师研究工作的激励和反思，是提高自身能力的重要举措。科学的管理制度和评价制度的建立是培养研究型教师的前提。

（二）积极开展校内研究

校内研究是通过学校组织研究小组，以教师为主体，研究教学活动中存在的问题，学校的管理者需要定期举办研讨会，为在校教师设立教学目标并帮助解决教学活动中出现的问题，在日常管理中也可以通过发放调查问卷的方式及时了解教师的诉求，为教师制定个性化的发展方式。

校内研讨会作为一种教师之间的集体研究，需要每位教师都积极参与其中，形成一种积极的研讨氛围，最终形成一个长久的校园文化。教师之间也可以通过此种方法，协调合作，分享经验，相互学习，切磋技艺，甚至会有不同思想的碰撞，这都是非常可贵的，是研究型教师成长的沃土。

校内研讨会虽在校园中举办，但是专业学者的思想和意见也是必不可少的。专业学者也是教师在理论和实践之间连接的重要桥梁，是校内研讨会在理论思想方面可持续发展的关键。业内的专业学者和其他研究人员的加入，与教师共同制订学习方案，开展研究，不仅能帮助教师在教学活动中扩充思想，还能激发其至关重要的创造性。值得注意的是，不可让专业学者在教师的教学活动过程中有过多的干预，还需要把课堂的主导权留给教师。专业研究人员是培养研究型教师的重要力量，校本研究是培养研究型教师的主要途径。

（三）引导每一个教师参与到研究之中

外驱力必须通过内驱力的激发而起作用。若想培养一名研究型教师，首先教师自己要有成为研究型教师的愿望，外部因素能帮助教师改变心态，提供研究的方法和方式，使广大教师主动参与到教育教学研究中来，这是培养研究型教师的关键。

首先是心态问题，一个人能否成才，与其自身的心态密切相关。曾有人做过一项调查，前往同一所工地中问三个工人在做什么。第一个工人表示，他只是在砌砖。第二个则说，他在做一项时薪 20 元的工作。而第三个却说他在修建世界上最伟大的工程。之后，第一个人做了一辈子工人，第二个人成了商人，而第三个人成立了建筑公司当上了老板。三个人不同的心态决定了其以后的人生轨迹，虽然都是平凡且枯燥的工作，第三个人却对工作富有热情，也注定了他的人生不会平凡。如果教师都可以如同第三个工人一样，对工作饱含热情，做一名研究型教师，就有可能使自己的人生变得辉煌。

其次是要为教师在研究过程中的科研方法提供充分的科研保障，对于一线教师来讲，最适用的研究方法有两种：行动研究和案例研究，在前文中均已提到。

苏联著名教育家苏霍姆林斯基就是一个行动研究的楷模。从1948年到1970年，他跟踪观察和研究了29个班级共700余名学生从小学入学到中学毕业整个10年学习期间的生活。在长期的教学工作和教育研究中，他写出了41部专著和小册子，600多篇论文，约1200篇文艺作品。苏霍姆林斯基的教育理论是从大量实践经验中研究提炼出来的。

一线教师的优势在于时刻都拥有着最生动、最具体和最丰富的教学经验。在教学实践活动结束后，教师应该及时做好整理记录工作，以便日后研究。养成研究和反思的习惯，便于日后在研讨会中与其他人进行分享和讨论，实际上这个过程就是一个整理案例，扩充思维，提升自我的一个过程。

教师通过这种研究方式，经过不断反思、整理和与他人交流学习的过程，不仅可以使自己学习的理论知识得到检验与深化，更可以根据实践经验找到与理论知识契合的部分，为学校的教学改革提供有利条件，促进整个教学的有效发展。可以说，研究是研究型教师专业成长的阶梯。

最后应特别值得注意的是，新一轮基础教育课程改革已经成为教师在日常工作中的一项任务，中小学教师应该把现阶段研究的重点锁定在新课改的研究上，从而实现由经验型教师向研究型教师的转变。

研究以新课程改革为核心的一系列新的教育理念，如新课改在教学方式上由以讲为主转向以合作探究为主，在教学内容上由封闭转向开放，在教学组织形式上由单一时空转向灵活时空，在教学管理上由专制转向民主，在教学手段上由黑板加粉笔的传统方式转向多样化和综合化，在教学评价上由重甄别和选拔功能转向重促进发展的功能，由重单一评价转向重多元评价等。还要积极参与到课程资源的开发中来，新课改赋予了教师"课程携带者""课程开发者"等新的角色职能。研究课程资源的开发，首先，要从大纲、教材的定型思维中解脱出来，在大脑中构建课程观念、课程意识及课程开发意识。其次，教师要研究当地经济发展及社会发展状况，要研究学生的兴趣及喜欢的种种活动。最后，根据学校及学生的发展需要，选择和组织课程内容，调整、优化课程资源结构。教师参与课程资源的开发，增强了课程的针对性和适切性，使课程更加完善，同时实现了教师本身的专业发展。

"学而时习之，不亦乐乎"，这是孔子的人生感悟。如果广大教师可以同孔子一样，做一名研究型教师，把自己的所学运用到实践中并检验，坚持正确的，改进不足的，不断地反思自己的教学实践，不断地去探讨未知的教育规律，从而实现自己的人生目标，那一定是非常幸福的事情。

正是陈洪义老师的无私分享，将自己的成长经验不仅分享给一线教师，他还将自己的经验分享给各学校的领导者，希望由更多优秀的管理者培养更多的研究型教师。

二、研究型小学教师案例二

鲁文爽老师，小学高级教师，从教 13 年，担任班主任工作 13 年，先后送走 5 个毕业班。她热爱学生，教书育人，在实际教学工作中，面对山区的孩子信息比较闭塞、知识面窄的现状，充分发挥课堂教学主渠道作用，做到了教书育人。她经常利用课余时间进行家访，常常是深夜才回到家中，了解学生的具体情况，指导家长教子方法，努力做到家校协同。

在日常工作中，她热爱学生、了解学生、善于把握学生的思想动态，针对学生的身心发展特点，坚持以人为本，通过改变教育观念，探索适应时代和学生发展需求的德育方式，促进了学生德、智、体、美、劳全面发展。在教学工作中，她始终痴迷于"三尺讲台"，始终坚持站在教学一线，始终坚信提高自身素质是一名优秀教师的立身之本。她完成了本科的学历进修，坚持长期自费订阅教学资料，先后多次披星戴月（为了学习常常凌晨4点多从家里出来）地参加市区骨干教师、课改培训、教科研等各级各类培训活动。作为区级骨干教师的她，不仅能自己钻研教法，还能带领本校青年教师研究教育教学新方法。她长期担任教研组长，并多次承担国家、市、区级教科研课题研究任务，先后撰写多篇教科研论文，并多次获奖。多年来她以出色的工作业绩，赢得了学生的爱戴和家长的认可，为学校赢得了诸多荣誉，赢得了领导的赞誉和同行的赞许。

在房山区这片教育沃土上，她爱岗敬业，治学严谨，热爱学生，尊重家长，无私奉献，为人师表，在教育教学中取得了比较优异的成绩，多次参加房山区教学评优活动，其中获区级录像课一等奖，教学设计区级一等奖，论文获北京市优秀论文多个奖项。她先后获得了房山区优秀青年教师、房山区优秀少先队辅导员、房山区中青年骨干教师、国家级科研工作先进实验教师等荣誉。

鲁文爽老师对其他小学教师的教育有一定的启示：在小学教师的发展上，教育部门和学校要尤为重视新教师的成长，启发小学教师充分利用身边的重要他人（如学科专家、资深教师）等中介资源积极成长，多鼓励小学教师参加专业竞赛、发表论文，增强小学教师的成就感。希望在小学教师队伍中涌现出更多的研究型教师，推动我国基础教育健康、快速地发展。

第七章　小学创新型教师发展之路

第一节　创新型教师表征

一、创新型教师的概述

创新型教师认为每一位学生都可以通过教师的引导，在自身原有的基础上获得创造性的发展，并成为具有创新能力的高素质人才。因此，创新型教师具有面向全体学生的特点，推动全体学生的全面发展。[①]创新型教师认为必须尊重学生之间的差异性，针对不同学生要采取不同的培养对策，创新型教师认为学生的创新能力发展只有类型和层次的不同。在学生创新能力的发展过程中，教师起到了关键的引领作用，教师需要结合实际情况，以多种不同方式挖掘学生的创新潜能，为学生创造更多创新能力发展的机会。[②]

创新型教师是学生创新思维发展的助力器。普通的教师只会将真理直接告知学生，而优秀的创新型教师则会将发现真理的方法一并教给学

① 杨婷.现代化学校建设中创新型教师的发展与评价[J].中国教育学刊,2022(7):79-83.
② 封葑.创新型教师 培养勇立潮头的新时代人才[N].沈阳日报,2022-04-27(5).

生，让学生知其然，还要知其所以然。作为新时代的创新型教师，不可像传统教师一样，只传递教材中的知识，还要引导学生形成积极思考的习惯，发展学生的思维，培养学生形成独立思考、勇于探索的科学精神，让学生不断在实践中总结规律，发现真理，从而体现出"道而弗牵，强而弗抑，开而弗达"的精神，要让学生学会知识，更要让学生养成积极发现问题、探索未知、总结知识的求知精神和创新能力。[①]

总而言之，新时代的创新型教师，就是指在教育教学工作中积极摸索，不断创新，培育学生的创新思维以及创新能力，以培育更多新时代的创新型人才为己任的教师。

二、创新型教师的知识结构要素（如图 7-1 所示）

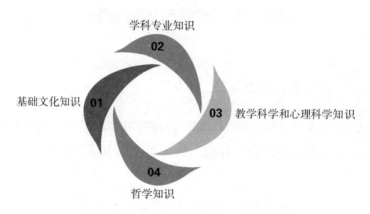

图 7-1 创新型教师的知识结构要素

（一）基础文化知识

基础文化知识是培养一切能力和素质的基础，是教师这一职业开展工作的根本，所以这部分知识越宽广，就越能启迪思维，拓宽思路。[②]创新型教师需要具备的基础文化知识包含文化常识、学校实际知识以及一

---

① 李广平. 新时代创新型教师：内涵、特征与培养 [J]. 东北师大学报（哲学社会科学版),2022(2):135-140.

② 陈泊蓉. 中小学创新型教师的素质与成长研究 [D]. 西安：陕西师范大学,2017.

般基础知识。自然和社会的常识、与人交往的基本礼仪、基本的审美能力、音乐、体育、文学艺术等就是文化常识。简单来说，凡是受教者感兴趣的一切知识，作为教育者的教师都应有所了解。学校的办学理念，党和国家对于学校制定的指导方针、政策要求就是学校实际知识，还包含教育的过去和现状、教育事业改革动向等。而一般基础知识指的就是从小学到高中阶段，按照新的知识体系所构建的一切知识。[①]作为新时代基础教育教师，需要对自身所担任学科的基础文化知识有一定的了解，还应当掌握一定的语数外、音体美、史地生等学科知识。

（二）学科专业知识

教师只有具备专业知识才能从事教育教学工作。如果教师缺乏专业知识，则无法顺利开展教育教学工作。开展教学工作就是教师向学生传递凝聚着人类千百年文明的知识，并引导学生将知识内化于心，形成学生自身的精神财富，推动学生的思维与能力发展。任何学科的教师开展教学工作都必须具备足够的专业知识以及足够的教学理论，这好比建造房屋需要具备砖瓦泥石一样。[②]试想如果一个语文教师自身不具备听、说、读、写的能力，那应该如何开展教学工作，如何培育学生的语文基本能力呢？并且，教师的创新发展也需要建立在专业知识基础之上。作为一名合格的教师，除去以自身的情感、品格来影响学生外，最重要的就是以自身的知识带领学生成长和进步。只有教师博学多才，博古通今，才能更好地开展教育教学工作，帮助学生解决疑问，获取学生的信任，引导学生深度学习知识。通过进行专业知识教学，可以帮助学生获得自然、社会以及思维领域的规律性知识，还可以给学生思想品德方面的启迪。通过对学生进行思想品德方面的教育，可以让学生从知识中感悟人生，体会人生真谛，引导学生从文学艺术形象中得到思想的熏陶、心灵的净

① 夏芳.创新型教师成长与发展研究[D].沈阳：沈阳师范大学,2012.
② 傅钢善,方中玉,周回回.教师专业化背景下师范生专业知识发展研究[J].黑龙江高教研究,2015(6):80-84.

化。专业知识的重要性还体现在其是教师创造性发展的基础。[①]教师并不是一项简单的精神生产工作，而是创造性的智力劳动。创造力是一种特殊的能力，要在自身已知信息基础之上，通过联系和整合，对信息进行加工、改造，甚至是联想，从而组成符合某种要求的新结论，而且这样的结论一定是正确的。如果没有足够的专业知识作为基础，这种创造力的形成就会成为纸上谈兵，只有以深厚的专业知识作为基础，才能实现创造力的形成和发展。[②]所以说，教师只有具备足够的专业知识才能进行科学的创造与技术的革新。[③]教师应具备的专业知识要素包含以下几点，如图 7-2 所示。

图 7-2 教师应具备的专业知识要素

1. 专业基础知识

专业基础知识是专业主干知识的根基，教师只有具备足够的专业基础知识才能从事某一学科的教学工作。专业基础知识掌握的范围越宽广、

① 徐思宁. 语文教师专业知识素养调查与反思 [D]. 长春：东北师范大学,2013.

② 朱宝象,庞曼,陈呈超,徐环,等. 加强多学科知识学习 提高学报编辑素质 [J]. 学报编辑论丛,2005,0（1）:208-211.

③ 李婷婷. 教师的知识基础对化学探究教学设计的影响研究 [D]. 长春：东北师范大学,2006.

越扎实，专业主干知识才能得到更好的发展。[①]

2.专业主干知识

专业主干知识是教师胜任教学工作的基本功。专业主干知识包含的内容较多，教师所教学科体系的基本理论、基本概念、基本资料、基本规律等都属于专业主干知识。

3.专业前沿知识

作为一名优秀的教师，要对本专业的发展前景有所了解，并以此对本专业发展的趋势进行分析与预测，从中了解到学科发展对教师提出的更高要求，从而做好自身学习和发展的规划，不断地接受更多前沿知识，作为自身开展教学工作的基础。随着时代的发展，对于任何学科的知识体系、概念以及结构等都会有一定的影响，所以教师应不断地对自身的知识体系进行调整，学习更多学科领域出现的最新成果，并将前沿知识运用到教学工作中，摸索出可以提高教学成果的新型教学方法。倘若作为一名教师，缺少学习前沿知识的意识和能力，故步自封，夜郎自大，就会导致自身失去生机和活力，难以开展高质量的学科教学工作，影响自身与学生的发展。新时代的教育工作者必须不断用新兴的学科知识充实自己、武装自己，才能确保自身获得更加长远的发展。

（三）教育科学和心理科学知识

所谓教育科学就是从理论上对教育的科学规律和方法进行总结的科学；心理科学则是研究人的心理特征以及活动规律并因势利导进行教学的科学。通过学习教育学和心理学的知识，可以提高教师的教育教学能力。教师将教育学和心理学知识与自身专业知识进行结合，可以更好地解决在教学工作中遇到的问题，探寻更加高效的工作方法，成为一名更加优秀的教育工作者。在教育学和心理学的知识中蕴含着丰富的内涵，教师只有具备相当的思维能力，才能深度体会其中滋味，并充分运用教

---

① 郑开玲,伍力.创新型教师人才培养背景下高师院校本科专业课程体系的重构[J].教育与职业,2011(24):139-141.

育学和心理学知识，将其作为解决教学问题的法宝。

（四）哲学知识

通过学习哲学知识可以使人明智，教师必须具备一定的哲学知识，以辩证唯物主义哲学作为指导，从而构建自身的专业知识结构，可以有效提高教师的综合素质。哲学知识可以为教师展开教学工作提供方法论，教师通过不断提升自身的哲学素养，可以更好地树立正确的科学观，少走知识探索过程中的弯路，缩短走向成功的路程，并且运用专业知识更好地进行智力劳动。可以说，哲学知识就是盖楼的脚手架。[①]

综上所述，作为一名创新型教师，其知识结构必须是基本的、全面的、动态的、开放的。具体来说，创新型教师需要以文化基础类的知识作为从事专业性研究的认知背景，对自身提出更高要求，使自己成为学者型教师，具备学术性、前沿性、专业性的学科专业类知识，才能更好地胜任教师这份工作。创新型教师还应具备教育专业类的知识，对教育知识的了解与运用可以展现一名教师的专业程度，所以教育专业类的知识的重要性与学科专业知识的重要性相当。而哲学知识则是推动教师思维水平提高的基础。总之，创新型教师的知识结构应该是一个不断完善、调整的过程，教师必须树立终身学习的观念，保持自身强烈的求知欲望，并不断通过学习新型知识提升自身的创新能力，如此才能更好地适应时代发展的要求，确保自身在教育事业中获得长远发展。[②]

三、创新型教师的思维品质

创新型教师与普通教师思维相比有一定的共同之处，所以创新型教师的思维具有一般规律，又具有一定的思维特性。创新型教师的思维具有深刻性、批判性、灵活性、敏捷性、独创性五个方面的特点，如图

[①] 李春玉，刘莉.教师教育培养创新型教师存在的问题及解决措施[J].通化师范学院学报,2020,41(1):55-59.

[②] 李春玉，王宇航.再论创新型教师的含义及特征[J].通化师范学院学报,2019,40(9):56-59.

7-3 所示。①

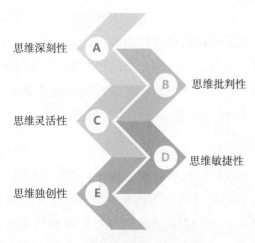

思维深刻性 A

思维批判性 B

思维灵活性 C

思维敏捷性 D

思维独创性 E

图 7-3 创新型教师的思维品质

（一）思维深刻性

一个人的思维就是对于抽象内容的理性认知。通过思维对感性材料进行理解、总结、提取，可以在个体的脑海中形成认识过程的改变，从而抓住事物的整体、本质以及事物之间的内在联系，总结出事物的规律。个体在这一过程中会表现出思维深刻性的差异。所谓思维深刻性是通过深入思考问题，总结事物规律，探寻事物本质，判断事物发展进程体现的。创新型教师的思维具有较强的深刻性，可以透过现象抓住事物本质。传授知识的特点决定了教师思维的深刻性，教材中的内容都是经过抽象概括之后形成的规律性知识，教师必须对这些知识进行深度探索，把握这些知识内在的本质，才能为学生详细地讲解知识和解决问题。

只有教师对知识有深度的了解，才能深入浅出，引导学生逐步探寻知识的本质与内涵，推动学生的思维能力良好发展，并且教师还要引导

---

① 郑岩 ."双创"教育背景下高校创新型教师的实践探索 [J]. 中国多媒体与网络教学学报（上旬刊）,2019(2):73-74.

学生掌握不被现象迷惑，不断探索事物本质的意识和能力。[①]例如，班级内有的学生经常迟到或者放学后迟迟不肯回家，如果教师只针对学生的错误就事论事，通常难以取得良好的教育成效。对此，教师应该对问题进行深刻的思考，帮助学生找到犯错的根本原因，让学生清楚这些问题对于自身的危害，才能让学生信服教师，并跟随教师的引导找到克服自身问题的方法，从而达到"治标又治本"的教育成效。

（二）思维批判性

对思维材料进行严格分析并精细检查思维过程的智力品质，即思维的批判性。具有思维批判性的个体通常会透过事物现象探究事物本质，力求做到"知其然，更知其所以然"。思维批判性主要具有五个特点：一是分析性，在思维过程中不断分析解决问题的依据并反复验证已经拟订好的解决问题的方案；二是策略性，个体结合自身的思维水平以及知识经验设计相应的解决问题的方案，并让这些方案在完成思维任务中发挥实效；三是全面性，在思维活动中要考虑事物的两面性，并根据事态发展及时调整计划，坚持用正确方案解决问题；四是独立性，不人云亦云，不盲目跟从，要以实际情况为准，选择正确的解决方案；五是正确性，在思维的过程中要做到逻辑严谨、组织有条理，实事求是地追寻事情结论。所谓思维批判性品质就是在个体思维过程中发挥自我意识作用的结果。[②]

在思维过程中，自我意识是个体意识的最高形式，以自身为意识对象，通过自我意识系统监控实现大脑对信息的输入、加工、整理、输出的系统控制，如此即可实现人控制自身意识，对自身的思维和行为进行调整。所以思维活动效率的提高需要以思维批判性为前提，让思维过程变得更加具有主动性，减少盲目跟从，可以有效提高思维结果的正确性。

① 李春玉，申林.创新型教师与传统型教师微观特征的比较 [J].通化师范学院学报,2018,39(11):66-69.
② 罗求实.学科教学法教学与创新型教师培养 [J].广西大学梧州分校学报,2006(2):72-74.

创新型教师具有较强的批判性思维，可以控制自身意识，不唯书、不唯上，可以进行自我调节、自我反馈，从而做到明辨是非。[①]

（三）思维灵活性

思维灵活性指的是随机应变的思维能力，即思维活动的智力灵活程度。思维灵活性具体可以表现在三个方面：首先是适应性，也就是思维可以随着条件的发展而变化，并且可以及时地针对事情发展采取相应的应变策略，以达到解决问题的目的；其次是突破定式，也就是指避免思维受到定式的消极影响，个体可以自发地改变心理定式的能力；最后是重新解释信息，个体的思维具有较强的灵活性表现在个体具备改变信息、重组信息并转化信息的能力。[②]

创新型教师思维的灵活性主要有四个特点：其一，思维起点灵活，也就是可以从不同维度、方向，采取多种方式解决问题；其二，思维过程灵活，也就是可以对事情进行全面而灵活的综合分析；其三，迁移能力强，指教师可以举一反三，自觉运用事物发展规律解决问题；其四，善于组合分析，思维的结果通常是由多种合理而灵活的结论组合而成。

（四）思维敏捷性

思维过程的速度即思维敏捷性。思维具有一定的敏捷性就可以更快、更好地解决和处理问题，在处理问题的过程中可以适应迫切的情况并进行周密思考，迅速正确地做出结论。思维的流畅性可以反映思维的速度，是思维敏捷性的重要体现。创新型教师思维具有较强的敏捷性，可以在突发情况下迅速获得重点信息并察觉其中不同寻常、耐人寻味的事情，从而发现问题所在。创新型教师的思维敏捷性通常表现在课堂教学过程中或者在其他教育活动中，面对突发情况可以迅速反应，及时处理，并根据事态发展调整解决方案，从而确保教学活动的正常开展。不同的学生之间存在较大差异，尤其是具有不同的心理特点，在不同时间、环境

---

① 唐华生.高师院校加强对创新型教师培养的思考[J].黑龙江高教研究,2003(3):36-38.
② 张楠.高中新课改理念下创新型教师培养策略研究[D].成都：四川师范大学,2013.

下同一学生的心理状态也会发生不同变化，教师必须具备较强的思维敏捷性，才能更好地适应学生的心理变化，甚至超越其变化。[1] 在教学过程中，学生会随时提出各种不同问题，都需要教师快速反应，迅速地给予学生正面回答，因此对于教师的思维敏捷性提出了较高要求。如果教师的思维缺少足够的敏捷性，就会影响教学进程，导致教学效率降低。

（五）思维独创性

所谓思维独创性就是在问题出现的情况下，可以及时采取应对措施并创造性地解决问题的能力，是人类思维的高级形态。所有创造、发明、改革等实践活动，都与思维独创性有着密切的联系。在一切人类生活的领域，思维独创性都发挥着无可比拟的作用。思维独创性具有社会价值新颖而独特的特点，这是因为创造活动是提供最新的、第一次创造的、具有社会意义产物的活动，因此可以说思维独创性就是运用已知信息产生新颖、独特、拥有社会或者个人价值产品的能力。[2]

思维独创性需要以现有信息为基础，在此基础之上加以构思和想象，提出前人所未提出的思想或者理念，解决前人所未解决的问题。创新型教师思维独创性主要包含两个方面：第一，在教师传授知识时，可以结合学生的实际情况对知识进行创造性地加工，或者重新编排组合，让学生可以更好地理解知识，从而将知识内化于心。一名教师教学能力的高低主要取决于教师创造性思维水平的高低，在拥有同样教学材料以及教学条件的情况下，富有创造性思维的教师可以设计出更加科学合理的教学方案，并在课堂中调动学生思维，引发学生深度思考，从而推动学生更好地发展。而缺少思维独创性的教师只会照本宣科，沿用传统单一的教学模式，导致课堂教学效率低下。第二，教师传授知识的过程还担负着积累经验和精神财富的任务。任何有益的经验和精神财富都是创造的

---

① 祈生玉.超越自己 勇于创新——创新教育呼唤创新型的教师[J].青海教育,2001(Z2):64-65.

② 李壮成.创新型教师教育的价值选择与改革策略[J].四川文理学院学报,2010,20(3):70-72.

结晶，因此，凡是在工作中有所建树的教育工作者都具有创造性的思维品质。[①]

作为创新型教师思维品质应具备深刻性、批判性、灵活性、敏捷性和独创性，并且这几个思维品质的特点之间相互联系。思维深刻性是一切思维品质的基础，在此基础之上才能引申出思维灵活性和独创性，而灵活性和独创性这两个思维品质之间存在交叉关系，互为条件。思维灵活性是思维独创性的基础，而思维独创性又是思维灵活性的发展。思维具有一定的批判性才能促使教师进行深刻而周密的思考，对事物和事情的发展进行全面而准确的判断。思维的四个其他品质必须以思维敏捷性为前提，同时，思维敏捷性又是其他四个思维品质的具体表现。

四、创新型教师的能力结构（如图 7-4 所示）

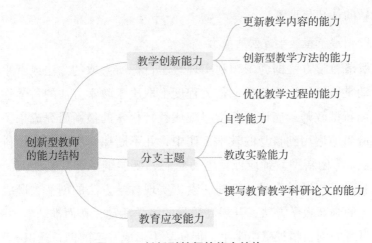

图 7-4　创新型教师的能力结构

（一）教学创新能力

所谓教学创新就是教师在教学过程中采取多种创造型的教学模式，

[①] 刘胜，陈明杰，兰海.论高校创新型教师与创新型教师的培养 [J]. 中国科教创新导刊 ,2007(26):183-184.

如问题解决型教学、发展型教学等，培养学生的创新意识以及创新能力的教学模式。教师的教学创新能力是创新型教师所必须具备的一种能力，可以在原有的教学模式基础上不断探寻更加高效优质的新型教学方法，并充分发挥教师自身的创造精神，可以开展创造型的教学工作，这是在教师众多能力中最具根本意义的能力。[①]创新型教师的教学创新能力主要包含以下三个方面。

1.更新教学内容的能力

教学内容是教师开展教育教学活动的凭借，很大程度上可以决定教学成果的好坏。因此，教师要注重教学内容的更新，对教学内容中的知识进行修正、补充，或者是重新组合教材，优化原本的知识体系，从而提高学生的学习成果，推动学生各项能力发展。教师在教学过程中以全新的思维角度对原有的知识进行创造性的讲解，让学生可以对教学内容形成新的认知与理解。

2.创造新型教学方法的能力

所谓教学方法即为了顺利实现教学目标所采取的方法或者手段，教学活动是否可以取得成功，很大程度上取决于教学方法的科学性。作为一名创新型教师，应该不断学习现代教育科学的最新研究成果，并可以将其恰当地运用到自身的教学工作中，并不断探索和创造更加科学的教学办法。[②]创新型教师应保持学习状态，既能继承和借鉴他人的优秀教学经验，又能通过自身总结和探索，实现教学方法的创新，形成富含自身特点的全新教学方法，开展高质量的教学活动，从而推动学生的发展，并以自身的创新精神感染学生，促使学生形成一定的创新意识。[③]

---

① 徐秀芳,韩立毛,唐拥政.地方工科院校创新型教师的能力与素质研究[J].当代教育理论与实践,2011,3(11):25-27.
② 贺佑彬.创新型教师素质要素探析[J].湖南工业职业技术学院学报,2011,11(3):86-87.
③ 李福灼.创新型教师教育培养模式探索[J].广西师范学院学报(哲学社会科学版),2007(S2):135-138.

3.优化教学过程的能力

教学过程包含多个环节，将不同的环节进行衔接和组合，就会收获不同的教学成果。作为创新型教师应具备优化教学过程的能力，在实际教学过程中不断探索新的教学程序，深度挖掘各个教学环节之间的内在联系，找到更加科学的教学规律，对教学环节进行优化和重组，从而实现教学结构的合理化、完善化，进而实现整体大于部分之和的系统效应。

（二）教研能力

教研能力是教育科学研究能力的简称，指的是教师在教育教学过程中进行的一系列与教育教学相关的课题实验、研究以及发明创造。创新型教师必须具备较强的教研能力，在教学过程中遇到问题可以以更加科学的态度进行分析，并以更加科学的方法解决问题，从而实现事半功倍的教育教学效果。[①]为了推动我国教育事业发展，社会对教师的教研能力提出了更高要求。创新型教师应具备以下几个方面的教研能力。

1.自学能力

教师开展教育教学研究，必须要保持不断学习的状态，吸取他人先进的知识经验，以先进的教改成果武装自己，与时俱进，及时更新自身的教育理论知识，所以作为创新型教师应具备良好的自学能力，自学能力也是教师教研能力提升的前提。自学能力较强的教师通常对信息有着高度的敏锐性，可以快速理解和接纳与教育相关的知识并内化于心，转化为提高自身教育能力的养分。另外，自学能力较强的教师对于和教育相关的信息有着准确的提取力，面对海量的信息，他们可以迅速地找到其中的关键点，去粗取精，去陈留新，最大限度地优化自身教育知识结构，提高自身教育教学水平，为自身在教育事业中的发展打下良好的基础。

2.教改实验能力

教改实验就是教师根据研究课题的设想，以详细的计划和专门设置

---

① 陈红.论创新型教师的研究与能力培养[J].考试周刊,2011(32):29-30.

的特定条件为前提进行教育教学的改革实践。教师具备教改试验能力是推动教师创新能力发展的前提，是创新型教师的重要特征。创新型教师致力于在教育教学工作中不断创新，所以他们通常是教育教学事业的试验者和改革者。从某种意义上来说，进行教育教学改革实验就是培育创新型教师的摇篮。我国创造教育的先行者陶行知先生，就以自身丰富的教育教学改革实践经验作为基础，总结出了富含我国教育事业特色的创造教育理论。通过分析世界教育发展史可以发现，创新型教师通常是教育改革试验的参与者和实践者。

3.撰写教育教学科研论文的能力

撰写教育教学科研论文，就是教师将自身在教育教学过程中获得的经验、通过总结和归纳得出的理论成果整理出来，形成书面语言，并公之于众，主要目的是推动教育事业以及社会的发展和进步。教师所撰写的科研论文，可以为人类进步提供服务，从而充分实现教师自身的价值。

（三）教育应变能力

教育应变能力指的是在教育教学过程中，面对突发状况可以迅速做出判断，并正确解决问题的能力。[1]只有教师可以灵活地运用各种科学的教育方法，掌握高度的教育艺术，才能具备良好的教育应变能力。创新型教师的教育应变能力通常高于普通教师，这需要以丰富的教学经验为基础，只有大量的教学经验才能让教师对学生的心理状态有足够的了解，在面对教学过程中的突发状况时，教师才能临危不乱，当机立断，以最快捷有效的方式解决问题。

首先，创新型教师在教育教学过程中可以从学生的神态、动作等微小的变化中及时发现问题，并根据实际情况及时对教学内容进行调整，适当地改变教学程序，让课堂教学活动变得更加合理、完善，从而收获理想的教学成果；其次，良好的教学应变能力还体现在教师可以灵活地

---

[1]林高照.浅谈新课标下创新型政治教师的"六种能力"[J].科教文汇（下旬刊）,2007(9):16.

运用教育科学、心理科学等相关理论知识，解决在教学工作中遇到的各种问题；最后，结合学生的实际情况，善于发现学生表露出的积极因素，并加以引导，将学生的个性化行为转化为积极的行动，实现因势利导的效果，推动学生更好地发展。[①]

五、创新型教师的人格特征（如图 7-5 所示）

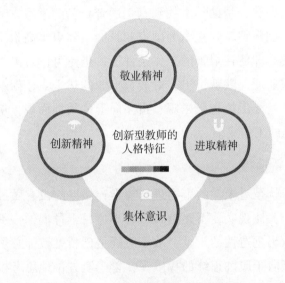

图 7-5　创新型教师的人格特征

（一）敬业精神

创新型教师对于自身职业价值有更清晰和明确的认知，他们会自觉地将自身的工作与国家和社会的发展进行联系，推动社会与国家的长远发展，提高全民素质是他们的毕生追求。因此，创新型教师深爱祖国和人民，关心国家的命运，在工作中可以将对国家和社会的责任转化为对自身工作的要求，并在工作中严格规范自身行为，将信念转化为工作动力，不断为教育事业积极奋斗，奉献自身。

---

① 刘胜,陈明杰,兰海.论高校创新型教师与创新型教师的培养[J].中国科教创新导刊,2007(26):183-184.

关心学生，热爱学生，一切以学生的发展为前提，就是教师热爱自身工作的具体表现。创新型教师对学生有真诚和永恒的爱，他们尊重学生、爱护学生，在工作中付出无尽的爱心、耐心、关心、细心、诚心、责任心，学生的进步就是他们的追求。对于班级内的优秀学生，他们愿意付出时间帮其获得进一步的提升；对于暂时较为落后的学生，他们愿意付出大量的时间和精力，引导学生找到自身的问题，并有针对性地找到问题的解决办法，帮助学生找到真正适合自己的学习方法，推动学生发展和进步。创新型教师立志为国家和社会培养更多高素质人才，正是这种信念，使其即使在艰苦的工作条件下，仍然可以对工作投入百分百的热情，兢兢业业，默默付出。对教育事业的热爱，让创新型教师可以在艰苦条件下始终保持积极乐观、奋斗向上的精神面貌，从而收获普通教师难以达到的工作成绩。

（二）创新精神

所谓创新就是对未知的事物进行探索，做以前没有做过的事情。只有坚持真理，关注现实，不迷信权威，不盲目崇拜偶像，不唯书，不唯上的人才能做出创造性的贡献。敢于质疑是创新型教师必须具备的宝贵品质，他们倾向于质疑正统的权威观，善于全方位地思考权威结论，敢于提出与权威不符的想法并用实践进行验证。创新是敢想敢做、敢为人先。通过总结无数事业成败的实例可以得出：不是不能为，而是不敢为。

只有将创新精神贯彻到底，敢想前人所未想，敢做前人所未做，敢言前人所未言，不盲目跟从，不崇拜权威，不故步自封，勇于探索，敢于实践，才能冲破传统观念的枷锁，实现创造性的改变。求新、求异、求优，是创新型教师不断追求的目标，他们不满足于现状，勇于探索，积极实践，将创新当作自身神圣的天职，这是创新型教师的重要标志。同时，创新型教师也是实事求是、明辨是非的代言人。他们尊重规律，尊重事实，并服从真理，对知识有着科学严谨的求知态度，其自身具备的创新精神又注定他们永远不会停下前进的脚步，注定会在自身研究领域有所建树。

（三）进取精神

所谓创新就是在原有基础之上进行创造性的改变，那创新的过程势必会遇到重重困难与挫折。创新者要承受异于常人的压力，饱经煎熬与磨难，并且要对自身信念坚定不移，即使遇到阻挠与质疑，也要勇往直前，积极奋斗与探索，才有可能最终实现自身预期的目标。因此，信心是创新者必须具备的优良品质。创新就是离开前人铺好的平坦大道，独自跋山涉水，另辟蹊径，在这一过程中，需要经历千辛万苦，披荆斩棘，才能最终到达自己所追求的目的地。所以创新型教师具备较强的事业心、创新精神以及进取精神，将追求真理当作自身的终身信念。

创新型教师进行教学工作的改革与创新时，除了需要自身具备良好的专业知识基础以及自身主观努力外，也离不开外界条件的支持和配合。但在创新过程中，他们需要面对升学的压力、社会的偏见以及部分同事和领导的阻挠与质疑，这无疑给教师造成了较大的压力。只有勇于面对困难，拥有为事业终生奋斗、无所畏惧的进取精神、奉献精神和牺牲精神，才能促使教师在创新的过程中有所收获。因此，进取精神是每一位创新型教师具备的基本特征，他们始终对自己所追求的目标执着、坚定，正是这种大无畏的进取精神，才使得创新型教师在教育教学事业中有所建树。

（四）集体意识

教师的日常工作包含备课、课堂教学、对学生进行课外活动指导等，这些工作都是以个体劳动的形式开展的。每一位教师开展的教育工作都有自身独特的风格，但学生的全面发展并不是某一位教师的个人劳动成果，需要班主任以及各学科教师相互合作，共同对学生进行影响才能收获良好的教学成果。因此，教师必须将自身充分融入教师团队中，善于和其他教师交流合作，互帮互助，才能充分发挥自身的教育作用，推动学生更加长远地发展。

作为新时代创新型教师，应对此形成明确的认知，在工作开展中一切以学生的发展为出发点，以大局为重，与其他教师相互帮助，互相学习，虚心学习其他教师的先进经验，努力提升自身的短板，与其他教师建立良好的同事关系，构建良好的校园人际交往环境。创新型教师要与其他教师积极进行合作与交流，共同为教育事业奋斗，构成校园内共育良才的教育合力，从而促使学校、学生以及教师个人获得更加长远的发展。

第二节　教育教学中的创新型小学教师

一、创新型小学教师在思想品德教育中的创新

创造性地开展教育教学活动是创新型教师的重要特征，也是创新型小学教师所必须进行的一项重要工作。进行学生的思想品德教育时，小学教师要注重以"创新"为核心关键词对思想品德教育的观念、方法以及内容进行转换，以便更好地适应学生的实际学习需求，从而提高思想品德教育成效。创新型教师在思想品德教育中的创新主要体现在以下几个方面。

（一）观念的创新

思想品德教育是学校必须开展的一项教育活动，只有提高学生的思想品德素质才能培育出高素质的新型人才。加强学生的思想品德教育，能够为创新提供动力和保障，有助于培养更多创新型人才。而提高人才的道德品质能丰富人才的思想品德素质。因此，思想品德教育占据了十分重要的地位，教师应树立全新的思想品德教育观念，注重开展创新性的思想品德教育活动，为收获更好的教育成效打好基础。观念是行动的先导，所以小学教师只有树立符合新时期思想品德教育的观念，才能更好地开展教育活动。

首先，在长期的教育工作中，部分人认为思想品德教育是抽象的，所以出现了淡化和否定思想品德教育的现象，实际上，思想品德教育是客观存在的，并且具有三个方面的客观规定：第一，社会存在和个体存在的同时性及其功能的不可替代性，对于思想品德教育提出了客观要求；第二，社会道德向个体转化的媒介即思想品德教育；第三，思想品德教育拥有特定的对象目标、原则、方法、内容、过程等要素，这些要素构成了完整的可操作系统。其次，将思想品德教育与其他教育组成部分兼施并重符合教育的规律。最后，教育的根本目的在于推动人的全面发展，在这一教育过程中，要注重推动学生的德、智、体、美、劳的全面发展，各有其特殊性，所以缺一不可，不可偏废其中任何一项。

（二）方法的创新

在教育教学过程中，师生的对应关系有多种，包含一对一、一对多、多对一、一对多。我国传统教育策略通常为一对多、多对多的教学模式，也就是在一个班级中通常是一位教师对全体学生以及全体小学教师对全体学生提出统一的要求，缺乏创新性的活动，统一陈旧的教学要求不利于师生之间形成良好的情感交流，难以促进良好师生关系的建立。另外，很多教师的教学理念古板，通常会将自身树立成威严的形象，对学生展开单项式的灌输教育，忽略了学生思维能力的发展，不利于学生开展自我教育，导致教学成效不佳。

思想品德教育是德育教育的重要组成部分，要想收获理想的德育成效，就需要在思想品德教育中重视教学方法的创新，主要可以从以下三个方面入手。

1. 提高学生主体地位

现代教育理念强调学生的自我教育，所以在思想品德教育中，小学教师应重视学生的主体性，提高学生的主体地位，将教学以及学生的自我教育进行结合，尊重学生之间的差异性，尊重学生的独立人格，有效推动学生的主体意识发展，促使学生展开自我教育，使学生形成自我教育的意识和能力。

2.重视学生心理发展

在思想品德教育中，将思想品德教育和心理教育进行有机结合，可以更好地提高教学成效。任何教育的影响都需要以一定的心理背景为前提，学生只有具备良好的心理素质，才能将德育内容更好地理解与吸收。因此，开展思想品德教育应注重学生的心理教育，提高学生的心理品质。创新型小学教师要注重在思想品德教育中，引入心理教育，结合心理训练开展思想品德教育活动，有效提高思想品德教育效率。

3.重视学生能力发展

想要实现学生的全面发展，就需要注重学生能力的养成，所以小学教师开开思想品德教育，要在传递知识的过程中不断训练学生的各项能力，包含分析能力、判断能力、总结能力等。此外，还要注重实践教学活动的开展，让学生在亲身参与实践活动的过程中提高自身的品德能力。

（三）内容的创新

以往，学校并不是没有开展学生的思想品德教育，而是未能以正确的方式开展科学的教育，在教学方法、教学内容等方面存在缺乏新意的现象，自然难以开展高效率、高质量的思想品德教育。缺乏创新的教育内容无法有效调动学生的学习积极性，自然影响教育成效。因此，想要更好地完成学生的德育教育，教师可以以对思想品德教育内容进行创新为切入点开展创新型教学。

1.利用典型案例

在传统的思想品德教育过程中，小学教师选择典型事例作为教学内容，通常会将事例中的人物树立成榜样，并且将事例中的英雄人物以及先进人物过于政治化，让学生觉得距离自身的实际生活十分遥远，缺乏对学生的吸引力，自然难以达到理想的教育成效。因此，教师在进行典型案例选择时要注重选择学生身边的事例，让思想品德教育生活化，可以更好地调动学生学习积极性，有助于学生更好地理解和吸收思想道德教育内容，实现教学质量的改善。

2.丰富教育内容

在教学过程中，除了理论传递，还需要以思想品德教育实践活动作为辅助，从而丰富教育内容。例如，小学教师可以组织学生开展以道德品质为主题的实践活动，让学生在实践过程中对所学理论知识形成更加深刻的理解，有利于学生将知识内化于心，并外化于高尚的行为中。

二、创新型小学教师在活动课教学中的创新

活动课作为独立的课程形态，必然会涉及教学问题。活动教学以及活动课教学是两个不同的概念，想要成为优秀的活动课教学教师必须分清两者之间的区别，才能更好地开展活动课教学，推动学生的良好发展。

严格来说，活动教学是一种教学思想，主要是针对传统的纯理论教学所提出的，强调在教学中应将静态教学与动态教学进行结合，充分发挥学生在教学中的主动性和能动性，从而加深学生对于理论知识的认知与理解，让学生在实践中将知识内化于心。活动教学没有具体的教学结构，它是通过在教学过程中小学教师与学生的教学活动形式所体现的。而活动课教学是截然不同的，其作为一种课程形态的教学，具备明确的教学活动要素，拥有完整的教学结构，并且有其独特的教学组织形式以及教学内容。创新型小学教师展开活动课教学的特点主要有以下几点，如图 7-6 所示。

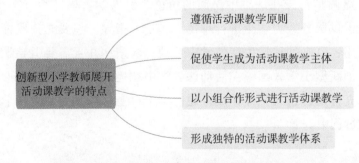

图 7-6　创新型小学教师展开活动课教学的特点

（一）遵循活动课教学原则

现阶段很多小学教师对于活动课教学的认知存在偏差，导致开展活动课教学的方法缺乏科学性。很多小学教师将活动课教学当成了学科教学，导致这一现象出现的主要原因是教师对活动课教学的特殊原则没有清晰的认知。活动课教学原则主要包含四点：第一，主体性原则。所谓主体性原则就是要求小学教师在开展活动课教学的过程中，要明确学生的主体地位，以学生为主体进行教学设计，充分发挥学生的主体性，可以更好地培养学生的思维和能力，使其获得更好的发展。第二，趣味性原则。为更好地调动学生参与活动课教学的积极性，小学教师要注重以更加生动有趣的形式组织教学活动，调动学生的学习积极性，促使教学质量得到改善。第三，实践性原则，也就是要通过组织实践教学活动，让学生亲身感受和体验。在活动过程中引导学生手脑并用，从而加深学生对于教学内容的认知。第四，创造性原则。通过开展活动课教学，注重调动学生探究意识和创新意识，并推动学生探究能力和创新能力的发展。

（二）促使学生成为活动课教学主体

活动课教学具有较强的实践性，所以需要学生动手操作，用心体验，可以有效提升学生的能力，改善活动课教学的质量。如果脱离学生的亲身实践，活动课也就成为纸上空谈了。因此，开展活动课教学，教师必须将学生放在课堂主体地位，引导学生发挥自身的主观能动性。小学教师应注重调整自身在课堂中扮演的角色，引导学生积极参与实践活动，为学生提供服务，为学生进行示范、演示、指导。想要充分发挥学生的主体作用，就必须让学生在教学中"动"起来，并且需要引导学生主动活动。创新型小学教师应在活动课教学中积极探索有效的教学形式，引导学生充分发挥自身主体作用，促使学生自主参与到活动课教学的实践与总结过程中。

（三）以小组合作形式进行活动课教学

当今社会对人们与他人交往和合作的能力提出了更高要求，在学习中同样如此，小学教师要注重培养学生的合作意识以及与他人合作的能力，帮助学生更好地立足于现代社会。因此，在活动课教学过程中，小学教师可以组织学生以小组合作的形式开展学习活动，对于学生的合作能力发展有较大的促进作用。具体做法为：将全班学生依照学生的实际学习能力、个性特点乃至社会和家庭背景等方面的差异分成若干个学习小组，并结合每一个小组的实际情况制定不同的小组成员个体学习目标和整组学习目标，要求学生通过与小组成员之间的合作，实现个人目标，同时要合力完成小组目标。通过这样的学习过程可以帮助小组成员掌握与他人进行交流与合作的方法，并在此过程中促使全体学生在自身原有基础之上获得发展和进步。通过组织小组合作学习活动可以让学生之间的个体学习竞争关系转变为"组内合作、组间竞争"的关系，将传统的教师与学生之间单向或者双向的交流转变为教师与学生、学生与学生之间的多向交流，可以有效锻炼学生的人际交往能力，推动学生的心理品质以及社会技能的发展和进步。值得注意的是，倡导教师组织学生开展小组合作学习活动，并不意味着要完全放弃学生的个人学习活动以及班级整体学习活动，在活动课教学中，小学教师要结合实际情况组织学生开展小组合作学习活动，科学地辅助学生的个人学习活动和班级整体学习活动，有效地提高教学成效。

（四）形成独特的活动课教学体系

开展任何课程的教学，在选择教学方法时都需要考虑到该课程教学内容的性质，只有这样才能选择更加科学的教学方法，确保收获理想的教学效果。活动课的内容以直接经验为主，强调了要增强学生对于自然事物和社会事物及其现实的感受性，不断培养和激发学生的探究精神，使学生形成满足现实生活以及发展需求的品质和能力。因此，活动课的教学方法要以培养学生解决问题的能力为出发点。开展活动课教学，教

189

师要注重引导学生进行实践。通过演示实验、活动作业等方式让学生参与到实践活动中，并在实践过程中养成探究精神和解决问题的能力，所以活动课教学的教学方法体系是由演示试验、活动作业等方法所构成的。

第三节　创新型小学教师培养对策

一、创新型小学教师的培养需要在师范教育中创新

想要提高小学教师的创新能力就需要从师范生的创新素质培养方面入手，在师范教育中要不断探索全新的教学方法，推动教育改革与创新。只有在师范教育中进行创新，才能培育更多创新型师范生。在师范教育中加强创新型小学教师的培养，可以从以下几个方面入手。

（一）教育观念的创新

教育创新的首要之举就是做到观念的创新，可以说转变教育观念是培养创新型教师的第一步。师范院校首当其冲，要树立起创新思维和教育创新的观念，在平时师范教育的内容中必须强调：教师应当为了创新而教，学生应当为了创新而学。

师范院校必须帮助学生树立创新的价值观，这种创新的价值观深深影响每一个学生。在树立创新价值观之后，师范院校应该改变原有的、封闭的教学方式，转向培养学生的创新思维、创新个性、创新能力。总而言之，一切教育活动必须围绕着师范生的创新素质展开，必须以创新素质作为学校人才培养的最终目标，引导教师采取相应的教育创新改革措施，实现师范生创新素质的培养目标。

（二）教育环境的创新

师范院校为学生创设一定的物质环境，确保学生在一定的物质环境中成长与学习，更为重要的是，师范院校要为师范生创设出一定的

信息环境。

首先，师范院校通过加强图书馆的建设，为学生打开学习的大门，为学生准备充足的精神食粮。其次，师范院校必须关注实验室的建设情况，对于一名师范生来说，实验室是理论联系实际的场所，也是培养师范生创新素质的必要场所。最后，师范院校必须有意识地打破原有的封闭场所，师范院校培养的学生，最终是要走向社会，因此，打开学校的大门，让师范生与外界接触，可以获得一手的感性资料，为将来的教师道路打下坚实基础。

师范院校的课堂教学环境将会有效地影响师范生创新素质的养成。在师范院校的课堂教学中，教师与学生开展的教学活动应该建立在一种民主平等、和谐融洽的教学环境中，教师在教学过程中应该有意识地创建一种良好的教学氛围，鼓励学生积极地表达自我，提高创新能力与创新思维。

除了以上提到的环境创设，在师范院校中常见的环境创新还包括家庭环境、社会环境、竞争环境、心理环境等，以上种种环境都会对师范生的创新能力起到重要的影响作用。师范院校应该协调各方因素，创设一个宽松民主的环境，提高学生的创新素质。

（三）教育内容的创新

教育内容的创新是师范教育课程体系与教学内容的改革，师范院校必须培养师范生的创新素质，遵照主体性原则和开放性原则，积极改进课程的教材、内容、体系和方法。

师范院校在开展教育教学活动的时候，必须确保教育内容遵循四个原则，确保学生的学习过程是一个主动、创新、个性化的过程。

师范院校的教育内容必须遵循前瞻性原则，确保教学内容与时代相一致，培养符合时代发展要求的师范人才。师范院校的教育内容必须遵循整体性原则，师范院校的教育内容不是简单的知识模块的堆积，而是一种将各种知识有机整合的过程，整个教学内容是一个整体。师范院校的教育内容必须遵循特殊性原则，师范院校的教育不能一概而论，必须各具特色，基于中国国情的特殊性，建构出适合中国的教师教育体系。

想要建构出创新型教育内容，必须通过浓缩、架构、强化、增设课程和创新这几个步骤开展。

首先，浓缩教师教育原有的教育内容，将原有的课程内容压缩精简，去繁就简，保留课程中的核心内容，将课程中的赘余内容去除。

其次，架构出教师教育的通识课程，强化师范生的教育理论修养，培养教育实践能力，为师范生的创新能力的培养提供一定的综合知识基础。

再次，强化教育课程。强化教育课程，是为了让学生具备全面的理论储备、实践能力以及创新技能，是教育内容创新中的重要环节。

最后，增设道德思维科学与创新理论课程。思维的转变以及创新意识的养成，对于师范生来说有助于提高自身的创新水平。同时师范院校开设思维科学课程，可以帮助师范生在掌握一定理论知识的基础上，提升自身创新能力，并在正式开展教育教学工作后，实现有效指导学生的作用。

（四）教育方法的创新

现行的师范院校培养计划，主要强调师范生教学水平的提高，忽视了培养师范生的主动性和创新性。因此，想要培养创新型教师，必须在专业结构合理配置的基础上，改革教学体系和教学内容，调整教育途径和教育方法，改变传统的教育过程，注重途径和方法的创新。

1.改进课堂教学

以往注入式、填鸭式教学，难以培养出新时代所需的创新型教师，因此必须改变原有的注入式教学，转而采取启发式教学。在教学过程中充分调动学生的积极性和主动性，引导学生主动投入教学活动中，为最终教学取得成功提供保障。教师采用启发式教学方法，改变传统的单边式授课，转变为师生共同探寻知识真谛的双边活动。培养学生探索、认识、发现能力，训练学生的创新思维，培养学生的创新能力。

在教学过程中，教师必须巧妙地创设问题情境，为学生留有思考的空间，鼓励学生质疑问难，激发学生创新思维，培养学生发现问题，提出问题的良好习惯，帮助学生在学到知识的同时，提高创新能力，改变原有思维方式。教师必须转变填鸭式教学方式，主动引导学生加入课堂，采取讨论法开展教学活动，一方面提高学生参与教学的主动性，另一方面培养学生的口头表达能力，学生在交流讨论的过程中巩固知识，达到最佳教学效果。教师必须培养师范生的创新思维，培养师范生的创新素质。一方面需要采取启发式教学，另一方面要注重训练学生的发散思维。教师在教学活动中，引导学生通过多角度分析和理解问题，训练学生的灵活性、变通性和求异性，鼓励学生形成自己的独特见解。教师应当放手，培养学生的自学能力，真正做到学生从被动学习到主动学习。师范生在自学过程中培养出创造性学习的好习惯，学生成为学习的主体，不再被动接受知识，而是主动探索，寻求新的知识。

2. 加强教育科研能力的培养

对于师范生来说，教育科研是提高科学意识、科学精神，培养创新能力的一种有效途径。师范院校首要之举，是引导师范生明确教育科研的重要性，意识到作为一名未来的教师，具有创新精神和教育科研的能力是有重要意义的。

师范院校可采取一系列计划措施，引导师范生依照计划参与教育科研训练，提高师范生的科研素养。例如，师范院校可将教育科研方法设为必修课程，教师在课程中讲授科学研究的基本方法，为师范生开启教育科研事业打下坚实基础。另外，教师在布置日常作业时，也应更关注作业的探索价值，培养学生的探索精神。

师范院校尝试开展多种学术讲座，可以有效激发师范生积极参与教育科研的兴趣。

3. 改善教育实践环节

对于师范生来说，参与教育实践是师范生锻炼和提升教学技能的主要途径。在教育实践过程中，师范生可以将所学的教育理论、教学技能应用于实践之中，通过锻炼，师范生的专业素养得到有效提高。

为了培养师范生的创新素质，在教育实践环节中，师范院校必须重视教育实践活动。通过实践活动，教师指导创新，使学生形成教育创新技能。

师范院校可以建立教育创新技能训练中心，该中心旨在提升师范生实际操作能力和教育技能创新能力。在此实践中心，教师提供示范指导，并且要求学生反复练习。在教师指导过程中，教师引导学生形成教育创新素质。

二、创新型小学教师的培养需要在继续教育中创新

小学教师的继续教育，是指针对已经在中小学任职的教师开展培训。小学教师的继续教育是对师范教育的延续与发展。为了培养创新型教师，不仅要有良好的师范教育，也要在继续教育过程中，开发教师的创新潜能。

在教师的继续教育过程中，不仅需要针对教师的知识进行传授、补充、更新，同时必须关注小学教师创新能力的开发与培养。一方面，进一步发展创新教育，将教师继续教育的目标，设立为培养创新型教师。另一方面，继续教育关注多种学科、知识的传授，做到一专多能。另外，继续教育需加快改革步伐，紧随国际发展趋势，加大改革力度，将教师培养成国际通用人才，确保教师创新素质的提高。

在继续教育课程体系中，专门开设培养小学教师创造力的课程。教师的继续教育课程可由以下几部分构成：第一是教师专业知识。主要涉及教师学科知识或专业知识的延伸与拓展。第二是教育相关理论。相关理论的学习是为了提高教师的理论水平。第三是专门的教师职业技能培训。为了帮助教师紧随时代步伐，继续教育课程有必要针对性地开展课程培训。第四是创新理论与实践。一方面，继续教育课程指导教师将理论与实践相结合；另一方面，通过培训，教师的创新素质将会有所提升，确保教学内容符合教育规律。

总而言之，小学教师继续教育的教学内容，应关注小学教师创新能力的培养，在开设的课程中，需反映出当代社会发展水平，并根据时代的要求，培养出杰出的创新型教师。

继续教育的课堂必须打破原有的灌输式教学，培训者引导参与培训的教师独立思考问题，独立分析问题并解决问题。

三、创新型小学教师的培养需要在教育管理中创新

一旦教育行政部门对学校干涉过多，导致学校自主权降低，必然影响学校发挥创造性，影响创新型小学教师的养成。因此，学校必须改变过去封闭式的教育管理方式，转换成开放式、社会化的教育管理观念，顺应时代的发展，根据教育教学的规律，促进教师培养创新意识和创新能力的发展。教师灵活运用现代教育技术，创设宽松民主的教学氛围，激发学生的学习兴趣，有助于学生掌握学习策略和方法，培养创新型人才。

教育管理的根本目的是提高教育教学活动水平。在确保教育工作质量的同时，提高教育工作效率，为广大师生提供更好的服务。但从现状来看，教育管理者通常在制定相关规章制度后，要求管理对象按照规章制度执行，制度的强制化与师生强调的创新能力之间形成矛盾，长此以往影响师生的创新能力、创新水平。原有的教育管理体制要求小学教师必须在统一的要求与内容下，不能充分发挥教师特长、兴趣与爱好。因此，一旦依照原有的教育管理要求，小学教师依照同一规格、同一模式发展，这就意味着教师失去了生机与活力，限制了教师创新发展的权利与可能。

因此，学校管理者必须勇敢破除传统教育管理中对于教师过多的制约与干涉，树立以人为本的教育管理理念。激发教师创新热情，引导教师在较为宽松的工作环境中，自主发挥自身的智慧与才能，使其创新精神得到升华。

学校必须通过各种方式鼓励、扶持教师参与进修学习，教育管理者

设立专门的基金与经费，鼓励教师参与培训，使教育水平不断提高，使教师的知识与技能与时俱进。教育管理者为青年教师开展专项培训，促进青年教师主动创新教学方法，提升教师素质。同时教育管理者应当定期输送老教师参与培训，帮助老教师更新教育教学知识体系。

学校为教师创设适用于科研创新的基础设施，优化教育教学资源配置为教师创设物质条件。

第八章　小学专家型教师发展策略

第一节　教师专业发展奠基——立德树人

一、专家型教师

现阶段，对于专家型教师概念的定义有三种：第一，心理学的"特殊专长说"；第二，社会学的"特级教师说"；第三，教育学的"优秀教师说"。[①] 具有一定的人格魅力是专家型教师的典型特征，教师可以在教学中发挥自身人格魅力来吸引学生、感染学生，不仅可以促使自身获得更好地发展，还有助于提高教学活动的效率和质量，引导学生积极自主参与知识探索活动，从而推动学生良好的发展。[②]

基于教育学层面来理解"专家型教师"：在教学过程中可以通过有效方法与学生进行良好的沟通和互动，调动学生的学习积极性，从而高

---

① 郑培珺,段志贵.新手型—熟手型—专家型教师数学课堂认知互动的比较研究 [J].教育观察,2022,11(17):18-23.

② 肖君影.高中信息技术专家型教师与新手型教师课堂互动比较研究 [D].扬州:扬州大学,2022.

质量地完成教学工作。[1]专家型教师通常指的是具有丰富教学经验的优秀教师。

二、小学专家型教师的标准

按照国内多数教育专家的一致观点，小学专家型教师除了具备一般教师的标准外，还应具备以下标准，如图 8-1 所示。

图 8-1　小学专家型教师的标准

（一）专业知识过硬

作为小学专家型教师，要对自身所教授的学科基础理论知识和技能有充足的了解，还要对小学各个学段的专业知识有一定的了解，拥有自身完整的知识框架，对于与本学科相关的知识以及教学科学理论知识有足够的了解。小学专家型教师在教育教学过程中不完全依赖教材，可以进行教学内容的延伸和补充，提高学生的学习质量，掌握现代教育教学理论，可以采取创新型教学方式开展高质量的教学活动。并且，专家型教师展开教学工作时，不仅要完成知识的传递，还要传授学习方法，帮

---

①庞荔原.新手教师和专家型教师初中英语课堂环境与学生学习投入的对比研究[D].呼和浩特：内蒙古师范大学,2022.

助学生掌握正确的学习方式，有效提高学生的自主学习能力，有利于学生课后完成自我教育。专家型教师还能在教学中带领学生深度挖掘知识背后的内涵，让学生不仅知其然，还要知其所以然。[1]

（二）教学经验丰富

小学专家型教师通常具备丰富的教学实践经验，拥有高超的教学技艺，可以很好地发现学生自身的潜力与天赋。[2]专家型教师在教育小学过程中遇到复杂的问题可以快速透过现象找到问题的本质，对于学生的智商高低有基本的判断，基于学生的爱好，找到科学的方法对学生进行引导，帮助学生调节日常行为。专家型教师会保持不断学习的状态，灵活地运用现代教育理论指导自己的教学实践，形成自己独特的教学特色和风格，以自身魅力感染学生、影响学生，让自身成为学生的榜样，引导学生不断进行自我教育，促使学生获得更好的发展。

（三）教学成果丰硕

小学专家型教师通常具有较强的教科研能力和学科指导能力，在教师队伍中较为突出，有一定或相当高的威信，有担任学科带头人的能力。教学效果显著、教学成果丰硕，并被同行和社会公认，是专家型教师的显著特征。因此，作为专家型教师，地位较为稳定，根基扎实，通常为校领导和上级部门所接受、认可。

第二节　教师专业发展增长点——立足教研

想要成为小学专家型教师必须具备专业知识过硬、教学经验丰富、教学成果丰硕这三个标准。对于青年教师来说，想要发展自身的专业性，必须立足教研，完善自身专业知识体系的同时，为接下来的教育教学活

---

[1] 蒋保华.专家型教师的核心成长特征[J].江苏教育,2022(38):6.
[2] 袁丽,芮建花,蒋惠琴.专家型教师的情绪智能表现[J].江苏教育,2022(38):24-27.

动打下坚实的基础。那么如何提升教师的教研能力就是关键问题了，接下来，将从三个角度探索教师应该如何提升教师科研能力。

一、实施教育科学研究能力提升工程

教育相关部门必须引导教师正确认识学术研究在教师专业发展过程中起到的重要作用，率先打破中小学教师心目中长期存在的教学、教研的二元对立，不断完善中小学教育研究机构和教育研究体系，提高教师参与教育科研活动的积极性，把教育研究作为教育发展的重要引擎。各个地方基于本地现状开展各具地方特色的教育科学研究工程建设，逐步构建起不同层次的教师教育科学研究体系，教师以教育科学研究为开展教学的有效依托，有效促进教师专业发展。

多途径鼓励教师以自身专业成长和学科发展作为起点，深入思考教师在教育教学活动中遇到的具体问题，尝试主动寻找有效的解决之道，教师主动开展多元化的系统层面研究。

相关部门主动搭建教育科研平台，充分利用教育科研规划项目选定优秀教师，主动牵头教育科研项目，成立校级教育科研合作小组，深入研究教学中的共性问题和个别问题，扩大研究范围领域，对教育教学问题进行更精细的研究，形成人人参与研究、人人有内容研究的局面。形成有经验的老教师带动中青年教师共同成长的典型案例，促进教师在教学实践中开展教育研究，在教学研互动中迅速成长。

二、提升教学研究引领力

教研人员可以说是教师专业发展的引领者。作为一名教研人员，不仅要引领学校的教研水平不断向前发展，更要勇于承担教师专业发展的责任。

纵观全国，各省、市自治区都在加强各级教研人员队伍建设，将教研人员发展纳入教学团队建设体系，建立教研人员专业发展支持体系，进一步整合省培计划、市培计划、县培计划。

在组织一系列教师教研培训工作时，无论是学校还是相关部门必须要组织教师和科研人员优先参与专项培训活动，每年拨付专项经费支持教育科研人员的培养与发展。

教研人员的培养不仅要专注于学科，更要突破学科的局限，打破学科的界线，拓宽教研人员的视野，在跨学科、课程改革、教育研究方法和信息化等多方面进行综合培训，力争培养出一支具有高理论水平、扎根教学一线、符合信息时代要求、能够引领小学青年教师专业成长的专业教研人员队伍。同时，我国应完善各级各类学校的教研体系，逐步建立规范的教研指导机制，确保教育科研指导贯穿线上学习和线下研究的全过程。选择适合、能干的教研人员，确保各级教研人员的平稳过渡，保证教研工作顺利开展。教师承担学科教学教师和教育科研员双重角色，引领学科教师专业发展。另外，除了组织、完善教研活动外，还要做好学科教师培训。

三、教学研合一

想要成为小学专家型教师，小学教师要能够充分参与教研，并且将教研融入日常教学工作。从教师专业发展来看，教师专业发展领域主要包括三个基本范畴，即教学活动、学习活动和教育教学科研活动。

近年来，我国一直在推动教师将自学与教研充分结合，实现"研、训、教"相结合，但教师参与培训几乎等同于教师参与自主学习，这已经成为一种不争的事实。因此，可以说"研、训、教"相结合的本质是"教学研合一"，那么"教学研合一"涉及的圈子是教学圈、学习圈和研究圈，这三个圈子没有严格的界限，所以存在交叉与重叠。

教师可以同时充分吸收多个圈子的养分，形成一个充满活力的专业发展体系，我们称这种体系为教师专业发展的"教学研合一"模式，如图8-2所示。教师在教学中充分认识自己的不足，通过不断学习弥补不足，遇到问题开展相关的研究，通过研究将新知识和所学理论应用到自己的教育教学中，提高教学质量，使三者相互影响，相互作用。通过将这三个圈子有效融合，能有效提高教师的专业发展水平。

图 8-2　"教学研合一"模式

"教学研合一"的专业发展过程，是强调教师在自身发展中的主观能动性。学习本质上是教师的自主学习，是教师根据自身经验积极建构的过程。教师的自主学习是建立在已有的知识体系，并且不断超越自身经验的基础上，以创造性地解决问题为目标，通过不断地学习获得新的知识和技能，在自身认识的基础上形成新的实践智慧。

"教学研合一"模式强调教师自主学习的主动性和积极性，期望教师能够积极落实自主规划的内容，并且能够根据实际情况进行相应的调整。教师的工作与成长是一种相互影响的联动系统，如果教师能够在真实的教育教学情境中主动进行自身专业的发展，实现"教学研合一"，就可以自觉实现教师的专业发展，积极参与自主学习与自我反思，变"被动学习"为"自我发展"。

第三节　为教师专业发展赋能——培养教学艺术

重视教师的教学技能，培养教师的教学艺术是激发学生学习兴趣和积极性的重要保证，也是教师促进专业素质发展，向专家型教师转变的必要途径。小学教师要实现自己的专业性发展，培养教学艺术，必须不断自省以下十个方面。

一、小学教师必须有五个"好"

小学教师基本功的五个"好"是：普通话好、板书好、口才好、文笔好、方法好。老师讲纯正的普通话，符合时代对教师的要求，也让学生在听的同时有一种音律美感。老师有一手漂亮的板书，给学生一种视觉上的美感，同时成为学生书写的榜样。老师口才好，能吸引学生的注意力，特别是对于小学生而言，好的口才有利于学生集中注意力。文笔好对于一名教师而言，是其内在思想的一种展现。方法好，是指一个好的教师要研究不同的教学方法，充分发挥自己的优点，使课堂活起来。

二、教师必须是德才兼备的引路人

教师不仅仅是知识的传递者，是历史文化的传播者、人际关系的教授者、学生心理健康的疏导者、学生职业规划的指导者，同时，教师还是人类灵魂的塑造者。因此，教师在社会中扮演着相当重要的角色，也正因如此，教师在有专业文化素养的同时，对其他素养也需要进一步发展与探索。教师的道德素养水平十分重要，这也是提高教学艺术的基本保障。

三、教师必须拥有渊博的知识

教师要想在教育教学活动中有所创新的前提，是教师本身具备深厚的专业知识，非常熟悉教授的教材知识。教师需要在教学过程中为学生授业解惑，学生是不断学习和发展的个体，因此，这就要求教师不仅要具有广博的专业知识和深厚的专业知识，而且要不断精进学习，完善自身的知识体系，同时做到与时代共同前进和发展。这并不是一件容易实现的事情，很多老师虽然出身专业班，但他们可能并未深入研究所学知识。特别是对于青年教师而言，他们掌握授课必需的知识与技能，但是由于知识储备量有限，他们仅仅是一名"教书匠"，还未能积累出深厚的文化底蕴，难以用学识服人。

知识是教师实施教学的动力源泉，教学艺术是教师达到教育目的的具体途径。因此，教师在研究琢磨如何提升自己的教学艺术之前，应当不断充实自我，掌握更多的学科知识，提高知识储备量，真正成为学生敬仰的教师。

四、教师必须研究教学规律

作为一名教师，为了有效提高最终的教学效果，确保学生的学习效果，他们必须开展教学规律的研究工作。教学规律是指对教学内容规律、教学方法规律和认知规律的研究。学生在课堂上接受知识的过程是从具体知识到一般规律，即从感性认识到理性认识的过程。

以数学为例，引导学生主动研究是当前数学的新趋势和新热点，那么教师就应该根据已有的教学大纲引导学生主动研究。数学知识是非常系统和连贯的，教师需要从在教学活动中促进学生思维能力、逻辑连贯性和主动创造性的角度来研究学生的教学活动的开展方式。例如，教师可以尝试对书中已有的知识进行重新组织，使知识更加系统和具体。这样，学生可以明确学习的目标，做到具体而轻松地学习知识，作为教师，则可以愉快地开展教学活动，形成教与学互动的良性循环。

五、教师必须把情感融入教学过程中

教师的情绪情感会渗透整个课堂，融入教学的"精气神"，即教师以精力充沛、昂扬向上的情绪情感开展教学活动，感染学生，调动学生的求知欲。

心理学和教育学研究表明，情绪情感不仅在教学过程中发挥着动态作用，积极的情绪情感还可以起到消除教师疲劳、激发教师教学行为创造力的作用。教师在开展的教学活动中，以一种积极的情绪情感组织教学，在很大程度上可以使这门学科变得有趣，同时参与这门课程的学生也将因此表现出思维敏捷、富有创造力的特点。

教学过程不仅是传授知识、培养技能的过程，也是师生情感交流的过程。教师没有情感的呼唤，就难以唤起学生对知识和真理的渴望。教师的情感表现在教师对学生的热爱和教师对所教科目的热爱上。这份爱可以融化学生心中的"冰块"，点燃学生智慧的火花，成为连接师生感情的桥梁和纽带，是良好教学的原动力。

教师也要善于在教学过程中发挥情感的作用，即为学生营造舒适、和谐、合作、轻松的学习氛围，提高课堂教学效率。同时，教师要努力在教学中创造条件，让每个学生都能享受到教师充满激情的教学，让每个学生都有成功的机会，感受进步的喜悦。

六、教师必须把新的、正确的思想和理念贯彻到教学中

社会时时刻刻都在发生着变化，因此，教师所教授的课程也不能是一成不变的，必须不断地调整与适应。所谓"教学有法，教无定法"，在研究教学时，教师不能只停留在肤浅的层面，教师要尽最大努力，研究教学教法，以实现教学的实效性。

随着科学技术的飞速发展，新思想、新理论层出不穷。教师不应拘泥于教科书，应乐于接受新事物，努力学习，不断进取。在改革和创新教学方法、教学内容方面，真正做到与时俱进。

七、教师必须明确师生在教学中的地位

学生是学习的主体，教师是教学的主体。在教学过程中，教师以启发式教学为主，鼓励学生自主开展探索与实践活动。只有这样才能使学生扎实地学习知识，激发他们积极思考的能力。教师优秀的教学技巧可以吸引学生的注意力，激发学生的学习兴趣和积极性，调动学生学习的主动性，丰富学生的想象力，鼓励学生不断向新目标前进。

八、教师要精心设计课堂教学

学生在学校学习的主要目的是求知。因此，作为一名优秀的教师，应该预测到学生在学习过程中可能会遇到的各种问题，如容易被遗忘的知识点、上节课学生没有理解的重点知识或难点知识。这一切都需要教师在教学过程中站在学生的角度去思考，具有优秀教学技能的教师可以科学设计教学过程，灵活选择教学方法，综合运用教学原理，适当进行教学评价，及时获取反馈信息，有效控制教学过程。

九、教师必须善于激发学生的学习兴趣

教师要运用生动形象的语言，运用隐喻、类比、模拟、描述等手法，为学生提供感性认识，使学生形成生动形象的想象或创造丰富的联想，进一步帮助学生掌握抽象的原理，理解概念、公式和定理等。例如，在教学过程中刻意制造悬念，增加学生的学习兴趣，激发学生探索知识的好奇心。

十、教师必须掌握先进的教学手段

很多教师认为传统的教学离不开黑板，但随着科技的飞速发展，多媒体教学在课堂上的优势越来越明显。高科技既能调动学生学习的积极性，强化教学过程，又能激发学生的学习兴趣。例如，传统的教学方法

只能提供静态图像，难以表达运动过程、抽象图像。但是教师应用多媒体技术可以解决这个问题，从而打破"一块板、一根粉笔、一张嘴、大家听"的传统教学方式。

第四节　专家型教师培养实证分析

专家型教师之所以作为教育事业高质量发展核心要素之一，其原因在于这类教师已成功跨过新手教师阶段，无论是在自身素质还是业务能力方面都能独当一面。由此可见，在教师发展道路中，进入专家型教师队伍显然具有里程碑式的意义，该观点通过专家型特征框架就能充分体现。为此，在本节内容中，笔者就以 XX 教师为例进行专家型教师培养实证分析，具体包括以下四部分。

一、专家型教师特征框架的明确

专家型教师与新手教师之间最大的区别就是更加注重把握学生心理，能够根据学生成长的具体需要不断完善自己，从容不迫地帮助学生解决各种问题，为基础教育高质量发展提供强大的推动力。XX 教师在向专家型教师迈进过程中所表现出的具体特征就充分说明了笔者这一观点，具体特征表现如下。

（一）不断提升自我综合素养和监管能力

相信每一位教育工作者都深知"十年树木，百年树人"的道理，学生的培养尚且如此，教师的发展显然更是如此。所以，在教师发展道路中，无论是处于怎样的阶段，都必须将提升自身的综合素养和监督能力作为首要任务。XX 教师在成长为专家型教师的过程中，显然已经充分体现出这一基本特征，他不仅注重自身基本道德素质的全面养成，更在职业道德素养方面不断进行自我强化，同时始终保持自我管理和监督的工作态度。

（二）具有丰富和组织化的专业知识

众所周知，每个人在学生时期都有一种较为常见的心态，即参与各项学习活动必须要有充分的理由才能说服自己，小学生更是如此。所以，这就要求广大教师不仅必须具备丰富的专业知识，同时要确保专业知识具有高度的组织性，让专业知识保持环环相扣，还要确保专业知识具有高度的外展性，满足学生在日常学习活动中的各种知识需求。这显然是说服学生积极参与课堂学习和课后学习的必要条件，因此这也是 XX 教师成为专家型教师的一个重要特征。

（三）可以通过创造性的方式解决教学问题

毋庸置疑的是，现代社会造就小学生活跃的思维，无论是在课堂教学活动中，还是日常生活中，都能得到充分体现，最直接也是最普遍的表现则是突发奇想，提出具有创造性的想法或看法，XX 教师在课上和课下就经常遇到这种情况。对此，当此类情况经常出现时，该教师深刻意识到用常规的思维和方式帮助学生答疑解惑固然不能说服学生，因此通常会从学生的视角去考虑学生提出的问题或存在的疑问，并且根据学生的思维模式加以解释，进而让解决教学问题的方式更有利于学生理解，同时更加具有创造性，而这也正是该教师成为专家型教师的又一重要特征。

二、专家型教师发展的阶段规划

专家型教师发展显然是一项极为系统的工程，需要有完整的发展规划作为重要支撑。其原因在于不同发展阶段要有明确的目标，由此才能确保自身专业知识、专业技能、专业能力、综合素质得到全面发展，最终达到专家型教师培养要求。对此，XX 教师在迈向专家型教师的过程中，已经制定出系统性的阶段规划，并且具备高度的合理性，具体如下。

（一）自如、流畅地表达自身见解

毋庸置疑的是，教师在从业过程中，让学生可以听懂自己所传递的信息显然是一项基本技能，这是学生从教学中受到启发的必要条件。为此，XX教师在向专家型教师迈进的过程中，不仅对问题思考的维度不断进行拓展，同时更加注重语言表达的思维培养，确保所阐述的观点更加流畅，并且更容易被学生理解和接受，从而为不断提升的课堂教学效果提供最根本的前提条件。

（二）全面观察教学情境

教学情境是否理想固然会直接影响教师"教"和学生"学"的效果，所以专家型教师在课堂教学活动中，更加注重教学软环境的构建，确保学生学习兴趣和学习主动性能够得到全面而深层次的激发。这也是专家型教师发展道路中极为重要的阶段，更是教师成长必须具备的一项基本能力。XX教师在成为专家型教师的过程中，也将该能力的培养与发展作为一项重要任务。

（三）教学问题处理灵活自如

从小学课堂教学活动的实质出发，其实质不仅是教师向学生传递信息，引导和启发学生学会新知识、掌握新技能，培养和强化新能力，全面增强学生综合素质的过程，更是教师与学生之间的博弈过程。因此，面对当今时代小学生思维灵活，他们的想法、观点、看法普遍标新立异的局面，灵活处理教学问题显然是专家型教师必须具备的一项能力。XX教师在向专家型教师迈进的过程中，显然将其作为重中之重，而顺利跨过该发展阶段也意味着XX教师即将成为一名合格的专家型教师。

（四）教学技能全自动化和教学手段多样化

随着数字时代的到来，小学课堂教学显然已经迈向数字化和智能化教学新阶段，教师需要掌握各项先进的教育技术，并且能够将其有效运用到教学活动之中。先进的教育技术固然已成为当代合格教师必须具备的教学技能，如大数据技术、云计算技术、人工智能技术等。对此，XX 教师在向专家型教师迈进的过程中，将培养该教育技能作为最后一环，以此确保课堂教学模式更加趋于全自动化，课堂教学手段更加多样化。

三、专家型教师培养路径的践行

XX 教师在明确专家型教师发展阶段性规划的基础上，在培养实践中更是积极参与各项实践活动，力求自身知识与技能、能力与素养能够实现全面发展，最终达到专家型教师培养目标。在此期间，他所参与的培养活动主要包括以下两方面。

（一）积极参与专家型教师成长交流活动

XX 教师在向专家型教师迈进的过程中，深刻认识到教学理念必须保持实时更新、教学技能必须保持实时完善、综合素质必须始终保持全面强化。故此，该教师积极参与学校组织的各项专家型教师成长交流活动，如专家型教师讲座、专家型教师成功经验分享会、专家型教师课堂教学观摩活动等。在此期间，该教师始终坚持"取长补短"的心态，借鉴他人的成功经验，并在教学活动中不断加以内化，最终实现专业知识、专业技能、专业能力、综合素质的全面发展。

（二）积极参与业务能力切磋活动

由于业务能力的高低是决定教师能否成为专家型教师的一项重要内容，而在该内容中包括多个方面，如科研能力、组织教学能力、教学管理能力等。所以，XX 教师在向专家型教师迈进的过程中，积极参与学校组织的各项业务能力切磋活动，其中就包括教学科研能力切磋、教学方法探究能力切磋、现代教育技术应用能力切磋等。在实践中明确自己与专家型教师之间存在的差距，并且根据交流活动所积累的经验，自行总结行之有效的教学方法，不断完善自身的综合业务能力，以此确保为学生课堂和课下学习打造极为理想的载体，保障学生和自己的未来发展。

四、专家型教师培养的成果

XX 教师在经历各个阶段的专家型教师培养工作之后，无论是在综合素质方面，还是在业务能力方面，甚至在未来专业发展的研判方面，显然已经有了质的提升。其具体表现不仅验证了培养工作，更能充分说明 XX 教师已经拥有专家型教师所必须具备的品质，具体成果表现如下。

（一）综合素质得到全面提升

XX 教师经过积极参与各项专家型教师成长交流活动，以及业务能力切磋活动，无论是在教学、科研、管理方面，还是在基本道德素质和职业道德素质方面，显然有了全面提升。其中，教学、科研、管理活动的开展始终以学生为主体，根据学生发展的实际需要，为之研发较为理想的教学模式，并且在教学手段和教学资源管理方面，依然将"生本理念"作为重要前提，充分体现课堂教学活动"一切为了学生"和"为了学生一切"的思想。这显然是 XX 教师成为专家型教师的重要表征所在。

（二）综合业务能力实现全面发展

XX 教师在日常教学活动中，已经做到不仅可以根据当前教育发展大环境，将现代教育模式进行深层次的开发，实现课堂教学活动开展形式的创新，他还注重现代教学科研模式与现代教学管理模式的有效融合，确保教学模式的开发、教学科研活动的开展、教学管理活动的进行都能围绕"教"与"学"两个中心来进行，并且始终以学生的"学"作为核心，教师"教"的过程充分发挥支持和服务作用。这不仅是 XX 教师对以往教学观念的颠覆，更是成为专家型教师的又一直观体现。

（三）未来发展的方向高度明确

专家型教师与其他类型教师相比，之所以优势极为明显，不仅表现在以上两方面，更重要的是专家型教师能够时刻认识到自己未来发展的方向，并且从中探寻出未来发展的动力，XX 教师在向专家型教师发展的过程中显然也不例外。其中，最为明显的表现包括两方面：一是善于从各个维度主动进行自我总结；二是在自我总结的过程中能够找到短板和深刻认知其造成的后果。这两方面表现成为一种习惯之后，必然会确保该教师在日常工作中时刻关注自己的所想、所做、所谓，最终形成自我管理与监督的同时，更能对自己未来专业发展有更加清晰和准确的认知，并不断为其努力奋斗，这显然是XX教师成为专家型教师的另一重要表现。

参考文献

[1] 李玉华.小学教师专业发展概论 [M].北京：人民教育出版社，2015.

[2] 杨超有，曾柏森.爱的教育：农村小学教师专业发展的叙事研究 [M].桂林：广西师范大学出版社，2016.

[3] 刘雨.小学教师生存状态及其专业发展研究 [M].长春：吉林人民出版社，2019.

[4] 刘小红，张华，陈卫红，等.西部地区中小学教师专业发展调查报告：以重庆市江津区为例 [M].重庆：重庆大学出版社，2015.

[5] 张云，林颖韬.高中生物实验技术与教学 [M].厦门：厦门大学出版社，2015.

[6] 刘文甫.中小学教师专业发展策略探索与构建 [M].长春：东北师范大学出版社，2011.

[7] 李晶.京郊中小学教师专业发展机制与对策研究 [M].北京：北京出版社，2006.

[8] 李鸣华.教师专业发展新思路：大学与中小学信息化合作模式研究 [M].杭州：浙江工商大学出版社，2017.

[9] 任英杰，徐晓东.隐性知识与教师专业发展："中小学教师知行同盟"行思文集 [M].沈阳：东北大学出版社，2009.

[10] 黄春方.小学科学教师专业发展研究 [M].苏州：苏州大学出版社，2013.

[11] 邓晓莉，范国睿．基于特级教师工作坊的教师专业发展：表征、向度与优化策略 [J]．教师教育研究，2022，34（2）：105–111.

[12] 刘春华，武丽志．从 U–S 到 U–R–S：乡村教师专业发展支持服务体系的发展与重构 [J]．中国成人教育，2022（3）：76–80.

[13] 张文超，陈时见．学校本位教师专业发展的时代意蕴与推进路径 [J]．当代教育科学，2022（1）：68–76.

[14] 李盖虎，彭迎霞．"双高计划"背景下高职教师专业发展的特征、维度及路径 [J]．长沙理工大学学报（社会科学版），2022，37（1）：94–105.

[15] 阮华，曾晓东．县域中小学教师专业发展的路径选择——基于外控模式下的实证研究 [J]．当代教育科学，2021（12）：58–68.

[16] 白芳．教师专业发展的特点与生态化培养模式构建研究 [J]．齐鲁师范学院学报，2021，36（6）：86–92.

[17] 毋改霞，祁占勇，罗淦匀．薄弱学校教师专业发展的现状与改进——基于 X 市 59 所初中的调查 [J]．教育理论与实践，2021，41（32）：40–44.

[18] 武旭，乔玉成．乡村体育教师专业发展的"内卷化"困境与突围——基于 S 省 Z 市"国培计划（2020）"示范县的调查 [J]．体育学研究，2021，35（6）：34–45.

[19] 冯晓英，郭婉瑢，黄洛颖．智能时代的教师专业发展：挑战与路径 [J]．中国远程教育，2021（11）：1–8.

[20] 姜丽娟，刘义兵．乡村教师专业发展内生动力的生成及培育 [J]．教育研究与实验，2021（5）：79–83.

[21] 柳立言，张会庆，闫寒冰．智能时代乡村教师专业发展的困境、机遇和实践路径 [J]．中国电化教育，2021（10）：105–112.

[22] 蔡华健，张相学．乡村初任教师专业发展的困境及其疏解理路 [J]．教育理论与实践，2021，41（28）：41–45.

[23] 李泉，闫志利．幼儿园教师专业发展的阻碍因素及其消解——基于决策实验室分析法的发现 [J]．学前教育研究，2021（10）：55–67.

[24] 田爱香，庞淑慧，孙丽平.乡村教师专业发展现状及支持体系构建 [J].
通化师范学院学报，2021，42（9）：101-108.

[25] 杜志强，李蒙.当前中小学教师专业发展虚拟共同体建设的痼疾与应
对之策 [J].中国教育学刊，2021（9）：90-92.

[26] 刘如，周尤.核心素养视域下体育教师专业发展的逻辑与思路研究 [J].
辽宁体育科技，2021，43（5）：93-98.

[27] 黄小宾，杨超.现实样态及未来取向：教育生态学视阈下高职教师专
业发展探究 [J].职教论坛，2021，37（8）：103-108.

[28] 王军，杨洋."双高"建设视角下高职教师专业发展的逻辑、问题与路
径 [J].教育与职业，2021（14）：64-71.

[29] 李思蒙，豆忠臣，任萍.分布式领导与教师工作满意度的关系：教师合作、
教师专业发展的中介作用——基于 TALIS2013 上海教师数据 [J].教师
教育研究，2021，33（4）：44-50，75.

[30] 林攀登.人工智能赋能教师专业发展：理念变革与实践创新 [J].中国
成人教育，2021（12）：56-60.

[31] 石维雪，赵可云，亓建芸.信息技术支持下中小学教师专业发展现状
与对策研究 [J].数字教育，2021，7（3）：58-65.

[32] 肖起清，洪清.聚焦新时代乡村教师专业发展——第二届全国乡村教师
专业发展论坛会议综述 [J].教师教育研究，2021，33（3）：117-122.

[33] 曹茂甲，姜华.高校青年教师专业发展动力体系探析 [J].教育科学，
2021，37（3）：89-96.

[34] 赵莉，李王伟，徐晓东.个性化和持续性教师专业发展模式的构建与
效果研究 [J].中国电化教育，2021（5）：110-117，123.

[35] 黄慕雄，林韩辉，罗永霞.基于大数据融合的多源多层教师专业发展
分析模型构建——以广东省教师教育大数据智慧系统为例 [J].电化教
育研究，2021，42（5）：114-121.

[36] 聂伟进."双高计划"背景下高职教师专业发展：机遇、困境与突围 [J].
中国职业技术教育，2021（10）：58-63.

[37] 于莎.全球教师专业发展的框架、实践特征与趋势：基于 TALIS2018

报告的分析 [J]. 河北大学学报（哲学社会科学版），2021，46（2）：114–122.

[38] 汪明帅，王亚君. 指向教师专业发展的教研员"桥梁"隐喻研究 [J]. 全球教育展望，2021，50（3）：91–105.

[39] 杨汉洲. 从"得法"到"得道"：教师专业发展的方略与路向 [J]. 教育发展研究，2021，41（4）：25–32.

[40] 黄嘉莉，叶碧欣，桑国元. 场域理论视角下民族地区教师专业发展的影响因素研究——基于多层线性模型的分析 [J]. 教育研究与实验，2021（1）：75–80.

[41] 魏易. 教师参与专业发展活动对学生学业成绩影响的实证研究——基于北京市高中学生的分析 [J]. 教育与经济，2021，37（1）：74–82，96.

[42] 董瑞婷. "双一流"高校青年教师专业发展面临的困境与对策——基于胜任力视角 [J]. 重庆科技学院学报（社会科学版），2021（1）：110–114.

[43] 田振华. 组织变革理论视角下教师专业发展的新"勒温模型"[J]. 教育理论与实践，2020，40（35）：32–35.

[44] 马勇军，姜雪青，王子娴. 我国教师专业发展研究回顾与展望 [J]. 教师教育学报，2020，7（6）：22–29.

[45] 郭广军，朱忠义. 高职教育产教融合赋能教师专业发展的问题与推进策略 [J]. 现代教育管理，2020（11）：80–86.

[46] 陈章，熊江，陈在良. "产赛教融合"视域下高职教师专业发展的价值逻辑与未来走向 [J]. 中国职业技术教育，2020（32）：49–53.

[47] 李树玲，吴筱萌. 变革实验室：技术赋能时代促进教师专业发展的新模式 [J]. 中国电化教育，2020（11）：125–133.

[48] 张遐. 开放大学教师专业发展机制研究——基于吉登斯结构化理论视角 [J]. 中国远程教育，2020（10）：34–46，77.

[49] 王永固，聂瑕，王会军，等. "互联网＋"名师工作室促进乡村教师专业发展：机制与策略 [J]. 中国电化教育，2020（10）：106–114.

[50] 叶颖. 不同成长阶段教师专业发展的现实困境与对策——基于

216

TALIS2018 上海数据结果的实证分析 [J]. 上海教育科研，2020（9）：
58-62.

[51] 齐亚静，王晓丽，伍新春. 教师专业发展能动性及影响因素：基于工作特征的探讨 [J]. 中国临床心理学杂志，2020，28（4）：779-782.

[52] 李政. 高职院校教师专业发展的三维模型及其应用 [J]. 中国高教研究，2020（2）：98-102.

[53] 庄玉昆，褚远辉. 乡村教师专业发展的支持体系建设 [J]. 教育科学，2020，36（1）：51-57.

[54] 沈小碚，樊晓燕. 智慧教育背景下教师专业发展面临的挑战与机遇 [J]. 教师教育学报，2020，7（1）：33-39.

[55] 李艳茹，崔洪成，齐辉. 高校体育教师专业发展的困境与对策研究 [J]. 西安体育学院学报，2020，37（1）：114-121.

[56] 李有学. 政策过程视域下的乡村教师专业发展支持服务体系：政策演变、结构困境与体系优化 [J]. 当代教育论坛，2019（6）：41-48.

[57] 郭丽娟，谢醒瑶，贾瑞棋. 农村幼儿教师专业发展困境及其出路 [J]. 现代教育科学，2019（8）：88-92.

[58] 孙众. "互联网 +" 农村教师专业发展的协同互助机制 [J]. 电化教育研究，2019，40（5）：104-110.

[59] 龚宝成. 乡村教师专业发展困境与疏解：地方性知识的视角 [J]. 课程·教材·教法，2019，39（3）：126-130.

[60] 赖天利. 幼儿园教师专业发展现状及其提升策略 [J]. 学前教育研究，2019（01）：89-92.

[61] 舒宗礼，王华倬. 教育生命视阈下的体育教师专业发展的现实状态及未来愿景 [J]. 北京体育大学学报，2018，41（12）：91-98，106.

[62] 和震，杨成明，谢珍珍. 高职院校教师专业发展逻辑结构完整性及其支持环境 [J]. 现代远程教育研究，2018（5）：32-38.

[63] 于维涛，杨乐英. 新时代教师专业发展面临的问题与战略选择 [J]. 教师教育研究，2018，30（5）：29-33.

[64] 李广平. 优化教师专业发展与培训体系建设，全面提升中小学教师队伍

质量 [J]. 华东师范大学学报（教育科学版），2018，36（4）：36-38.

[65] 商应丽，曲铁华 . 核心素养视域下教师专业发展的创生 [J]. 现代教育管理，
2018（5）：74-79.

[66] 段志贵，秦虹，宁连华 . 从外延到内涵：数学教师专业发展研究走向——
近年来数学教师专业发展研究述评 [J]. 数学教育学报，2017，26（6）：
72-79.

[67] 周昆 . 关于以教育领域供给侧改革助推乡村教师专业发展的思考 [J]. 课
程·教材·教法，2017，37（12）：91-96.

[68] 钟苇笛 . 教育信息化背景下中小学教师专业发展提升策略 [J]. 中国电
化教育，2017（9）：125-129.

[69] 陈纯槿 . 国际视域下的教师专业发展及其影响因素——基于 TALIS 数
据的实证研究 [J]. 比较教育研究，2017，39（6）：84-92.

[70] 杨鸿，周永平，朱德全 . 适应与超越：教师专业发展的梯度与理路 [J].
课程·教材·教法，2017，37（6）：86-93.

[71] 毋丹丹 . 论教师专业发展的特质及其实践路径 [J]. 教师教育研究，
2017，29
（3）：81-86.

[72] 张忠华，况文娟 . 论高校教师专业发展的缺失与对策 [J]. 高校教育管理，
2017，11（1）：79-85.

[73] 殷玉新，马洁 . 国外教师专业发展研究的新进展 [J]. 全球教育展望，
2016，45（11）：84-98.

[74] 赵富学，程传银 . 基于身份认同与主体性建构的体育教师专业发展模型
研究 [J]. 体育学刊，2016，23（5）：93-99.

[75] 马香莲 ."互联网 +"时代教师专业发展的重新解构 [J]. 现代教育技术，
2016，26（6）：41-46.

[76] 赵建华，姚鹏阁 . 信息化环境下教师专业发展的现状与前景 [J]. 中国
电化教育，2016（4）：95-105.